GESTION ET MAXIMISATION DES PROCÉDURES DES MARCHÉS PUBLICS

Tome 1 :

Procédures prévues pour les marchés de travaux, fournitures et prestations de services physiques

Malick Guibril NDIAYE

GESTION ET MAXIMISATION DES PROCÉDURES DES MARCHÉS PUBLICS

Tome 1 :

Procédures prévues pour les marchés de travaux, fournitures et prestations de services physiques

L'Harmattan Sénégal

10 VDN, Sicap Amitié 3, Lotissement Cité Police, DAKAR

http://www.harmattansenegal.com
senharmattan@gmail.com
senlibrairie@gmail.com

ISBN : 978-2-343-22669-9
EAN : 9782343226699

PRÉSENTATION DE L'AUTEUR

M. Malick Guibril NDIAYE est un économiste planificateur diplômé de l'Université Cheikh Anta Diop de Dakar (UCAD). Il a commencé sa carrière administrative en 1980 à la Division de la Planification générale de la Direction de la Planification, au Ministère du Plan et de la Coopération.

Désigné représentant dudit Ministère à la Commission nationale des Contrats de l'Administration rattachée au Secrétariat général de la Présidence de la République, il s'est familiarisé aux procédures de la commande publique sur la période 1982-88 en qualité de vérificateur des procédures de passation des marchés.

M. NDIAYE c'est par la suite spécialisé en obtenant le certificat de l'Institut international du Droit du Développement devenu Organisation internationale du Droit du Développement (IDLO) à Rome, en Italie), sur les procédures des bailleurs et la passation des marchés et la conclusion des contrats internationaux de construction avec application des règles de la Fédération internationale des Ingénieurs-Conseils (FIDIC).

A partir de 1993, M. NDIAYE en qualité de spécialiste en passation des marchés, participé à la mise en œuvre de plusieurs projets de développement à savoir :

- le Projet d'Appui aux Groupements féminins, sur la période 1993 à 1999 sur financement de la Banque africaine de Développement (BAD) ; cumulativement à ses responsabilités d'expert en conception et évaluation de projets, il a déroulé toute la passation de marchés des composantes du projet ;
- le Programme national d'Infrastructures rurales (PNIR) intéressant 100 collectivités locales du Sénégal sur la période (2000- 2005) financé par l'Association internationale pour le Développement du Groupe de la Banque mondiale ;
- le projet « Gestion intégrée des Ressources marines et côtières (GIRMaC) » (2005-2006) financé par l'Association internationale pour le Développement du Groupe de la Banque mondiale ;
- le Programme national de Développement local (PNDL) (2006-2007.
- le Programme de Coopération Luxembourg-Sénégal, PIC 2 période (2007-2010).
- le Projet régional des Pêches en Afrique de l'Ouest (PRAO-Sénégal) financé par l'Association internationale pour le Développement du Groupe de la Banque mondiale (2010 2017).

M. Ndiaye est certifié spécialiste en passation de marchés par le Centre africain d'Études supérieures en Gestion (CESAG) en 2000, par l'Institut Supérieur africain pour le Développement de l'Entreprise (ISADE) en 2001, par la Banque mondiale 2006, et par « Espace Scientifique et technique (EST) » Tunisie en 2013. Il est accrédité Manager spécialiste en marchés publics par SETYM International en relation avec l'Université du Québec à Montréal sur la période septembre 2016 septembre 2021

M. NDIAYE fait partie du groupe d'experts choisis par l'Autorité de régulation des marchés (ARMP) Sénégal pour assurer la formation des agents des autorités contractantes sur les procédures de marchés publics.

Il a pris part à la formation des cohortes d'assistants en marchés publics organisée par l'Office national de Formation professionnelle (ONFP) Sénégal.

Depuis l'année académique de 2003-2004 à nos jours M Malick Guibril NDIAYE est vacataire formateur en marchés publics à l'Institut Supérieur de Management (ISM). Il a en charge de dérouler le contenu de modules relatifs à la passation des marchés, aux procédures des bailleurs, à l'exécution technique et financière des marchés publics, au contrôle et à l'audit des marchés et enfin au " Partenariat public privé".

Plus d'une centaine de spécialistes en passation de marchés confirmés, pour lesquels il a participé à leur formation, sont en service dans au niveau de projets et programmes de l'Administration sénégalaise et dans les pays de la sous-région, ainsi qu'au niveau des institutions sous régionales (BCEAO, BAD et CEDEAO).

****** *****

PRÉFACE

Écrire une préface n'a jamais été une chose aisée. Selon son étymologie latine, préface, signifie, « dire d'avance ». Suivant la perception contemporaine, il s'agit de faire ressortir l'intérêt que l'on a pour l'auteur et le texte qu'il présente et y introduire le lecteur. C'est une manière pour celui qui écrit la préface de préciser comment il a lu le texte, et ce qui a attiré son attention. Elle constitue le moment d'exposer, sans complaisance, l'originalité et la précision du travail présenté, ce qu'il a compris et comment, il l'a compris.

Que peut-il se passer, quand on est en présence d'une pratique professionnelle de plus de trente ans (celle d'un spécialiste en marchés publics de surcroît chargé de formation, depuis plus d'une décennie, en master II- marchés publics) ?

Il en découle immanquablement un exposé pointu sur les objectifs et l'explication des différents outils à disposition pour passer et gérer lesdits marchés. En découle aussi l'exploration de pistes nouvelles nées « du vécu » de l'Auteur, pour analyser comment les choses se passent, et valoriser les bonnes pratiques professionnelles. C'est dans ce contexte que cet ouvrage trouve sa source.

Le titre de cet ouvrage souligne une ambition : contribuer à une meilleure pratique de la passation et du suivi de l'exécution des marchés. L'enjeu est important, puisqu'il s'agit de donner davantage de sens aux investissements étatiques, en s'appuyant sur la connaissance, pour que le choix des prestations ne porte que, sur celles qui répondent, au mieux, aux besoins définis par une Autorité contractante.

Cet ouvrage est donc un recueil des bonnes pratiques en passation, exécution, contrôle et archivages des marchés. Il y est décrit tous les processus de passation et d'exécution des marchés et, chaque fois que cela s'avère nécessaire, des annotations, destinées à préciser le sens et la portée exacts des procédures prévues des marchés publics, sont proposées. Il peut s'agir en particulier :

- de commentaires pour expliquer certaines dispositions des Code des marchés publics, de leurs textes d'application ;
- de commentaires sur les bonnes pratiques ou de notes relatives à des cas puisés dans le vécu de l'Auteur.

Le lecteur y trouvera des points de cours pour des soucis de précisions, mais aussi des cas pratiques. Cet ouvrage se base sur les dispositions du Code des marchés publics de plusieurs pays de la sous-région ouest-africaine, mais s'inspire des Dossiers types adoptés. La revue de ces différents documents a permis d'analyser les Procédures pour ensuite présenter leurs avantages et inconvénients.

Pour tenir compte de la particularité de la matière, l'auteur invite les personnes intervenant dans les marchés publics à avoir, un regard multi référencé, sur la détermination des critères de sélection, permettant de mieux apprécier la capacité des Candidats, à mener les marchés à terme.

Il établit à cet effet qu'il doit y avoir une parfaite symbiose entre la réussite de la passation de marchés et l'analyse des éléments financiers ou de comptabilité devant conduire à la pré qualification ou à la post qualification de Candidats.

Abordant avec pertinence la démarche en coût global pour acquérir des biens, travaux ou services, l'auteur a démontré l'intérêt à prendre en compte, pour le choix de l'attributaire, les charges de fonctionnement ou d'entretien, pendant la durée de vie utile de toute acquisition ainsi que son impact sur l'environnement.

Avec une approche originale, il s'est intéressé à la consommation de carburant, pendant la durée de vie utile d'un véhicule, pour qu'elle puisse être prise en considération lors de la comparaison des offres. Ensuite, il a fait le parallèle entre la consommation carburant et la quantité dégagée en gaz carboniques, pour faire appliquer une « taxe » pour la protection de la couche d'ozone.

Sans vouloir dévoiler le contenu du livre dans cette préface, il faut souligner que l'auteur aborde, sans faux- semblants, l'activité de passation des marchés, en soulignant les erreurs qui peuvent survenir, tout en faisant ressortir qu'elles ont des origines parfois systémiques et parfois humaines. En effet, des interprétations sont souvent source d'erreurs, qui parfois sont lourdes de conséquences.

Les praticiens des marchés qu'ils soient juristes ou non, techniciens, Maîtres d'ouvrages, Maîtres d'œuvre, ou Entrepreneurs, peuvent y trouver une réponse à plusieurs questionnements.

Le style de l'écrit clair et convivial est de nature à apporter, beaucoup, à tout praticien intervenant dans les marchés publics (débutant ou plus chevronné) qui chercherait à perfectionner sa propre pratique, pour atteindre plus aisément les objectifs nouveaux fixés par le Système de passation des marchés publics. Il me semble être aussi, un précieux instrument pour tout auditeur en marchés publics.

MGN

**** ***

TABLE DES MATIÈRES

****•***

PRÉAMBULE

En Afrique de l'Ouest francophone, la réglementation des marchés publics a connu une évolution significative, car la commande publique a été longtemps régie par la législation française. Durant la période coloniale, la commande publique était soumise aux dispositions du décret du 30 octobre 1935 relatif au financement des marchés de l'État et des collectivités, modifié par le décret du 25 août 1937 et celui du 2 mai 1938. Étaient également applicables, dans les territoires d'outre-mer en matière de travaux publics, plusieurs textes réglementaires dont :

- l'arrêté du 16 octobre 1946, portant fixation du cahier des charges et des conditions générales imposées aux entrepreneurs de travaux publics ;
- l'arrêté du 8 avril 1953, portant approbation du cahier des charges et des conditions générales applicables aux marchés de fournitures et de services.
- Le décret n° 57-818 du 10 juillet 1957 fixant les règles générales applicables aux marchés passés au nom des groupes de territoires et provinces d'outre-mer ainsi que ;
- le décret n° 58-15 du 8 janvier 1958 relatif aux règlements non soumis aux lois et usages de commerce dans ces contrées.

Les pays membres de l'Union économique et monétaire ouest-africaine (UEMOA), ont adopté, les décisions prises au plan communautaire, pour la commande publique par l'adoption de deux Directives :

- **la directive n° 04/2005/CM/UEMOA du 9 décembre 2005** portant procédures de passation, d'exécution et de règlement des marchés et des Délégations de Services publics ;
- **la directive n° 05/2005/CM/UEMOA du 9 décembre 2005** portant contrôle et régulation des marchés publics et des Délégations de Services publics ;

Ces directives ont introduit des réformes sur le cadre juridique et institutionnel de la passation des marchés publics en s'inspirant des standards internationaux notamment :

- **la** loi type de la Commission des Nations unies pour le Droit commercial international (CNUDCI) sur la passation des marchés de biens de travaux et de services (1994) ;
- la déclaration de Paris du 02 mars 2005 sur l'efficacité de l'Aide au développement en ses points 38, 29 et 30 et ;
- de la Banque mondiale, la Banque africaine de Développement (BAD), l'Agence française de Développement (AFD), etc.

Les organes dirigeants de l'Union économique et monétaire ouest-africaine ont compris, fort heureusement, que la stabilité macroéconomique et une croissance durable ne peuvent se concevoir qu'avec une bonne gestion des affaires publiques, grâce à la mise en œuvre de politiques et de procédures financières crédibles et transparentes.

Les marchés publics sont, l'une des activités de l'Administration les plus exposées au gaspillage, à la fraude et à la corruption, en raison de la complexité des procédures sujettes à différentes interprétations.

Un système de passation des marchés publics peu efficace ne peut qu'entraîner un gaspillage des ressources financières publiques, avec des coûts élevés des acquisitions qui sapent les efforts de développement. Pour garantir une passation des marchés publics saine et solide, il est indispensable de promouvoir des règles équitables et une concurrence loyale.

Les Directives de l'Union économique et monétaire ouest-africaine, s'inspirant largement des pratiques de passation des marchés alignées sur les standards internationaux, indiquent qu'un bon système de marchés publics passe, nécessairement, par l'identification des risques tout au long des cycles de passation et d'exécution, en adoptant une vision globale et équilibrée pour tous les processus allant de :

- l'évaluation des besoins ;
- l'élaboration des dossiers d'appel à la concurrence ;
- l'ouverture, l'évaluation des offres et l'attribution des marchés ;
- l'exécution des marchés matérialisée par la réception des biens, des travaux ou le dépôt de rapports pour les marchés de prestations intellectuelles.

Les marchés publics constituent une activité majeure dans l'action de l'État et de ses démembrements, puisqu'ils traduisent la politique d'ouverture de l'économie. Aussi l'Administration doit optimiser et rationaliser la gestion de cette chose publique, en recourant :

- aux plus efficaces des modes de gestion ;
- à l'initiation de nouvelles formes de bonne gouvernance et ;
- au développement des mécanismes d'audit et de contrôle.

Une séparation nette des pouvoirs de régulation et de contrôle des marchés publics a aussi été instituée, ce faisant une Autorité de Régulation des marchés (ARMP) est désormais distincte de la structure du contrôle a priori de la passation des marchés.

Le principe de recours suspensif, non juridictionnel, assorti d'un recours gracieux auprès de l'Autorité contractante a été instauré dans la quasi-totalité des Codes de marchés, pour être introduit éventuellement par les Candidats s'estimant injustement évincés, avant la fin de la procédure de passation du marché ou de la délégation de service public.

Les Directives de l'Union Economique et Monétaire ouest-africaine posent des principes fondamentaux qui sous-tendent toute la passation des marchés et qui sont applicables aux procédures d'acquisition, en vue d'assurer l'efficacité et la bonne utilisation des deniers publics. Il s'agit des obligations suivantes :

- la définition préalable des besoins ;
- l'existence de crédits suffisants ;
- le respect de la liberté d'accès à la commande publique ;
- l'égalité de traitement des Candidats (en interdisant toute mesure ou disposition fondée sur la nationalité des candidats ressortissants des états de l'Union économique et monétaire ouest-africaine) ;
- la transparence des procédures.

Le non-respect de ces formalités entraîne la nullité de la passation du marché, à la requête de toute personne intéressée au déroulement normal de la procédure.

Obligation est faite, aux Autorités contractantes, de respecter les règles de publicité et de mise en concurrence prescrites, pour la conclusion de marchés publics, mais également, en ce qui concerne les conventions de délégation de service public.

Le système de passation des marchés publics est un des éléments clés de l'efficacité générale de la gestion du secteur public, parce qu'il permet ainsi l'atteinte des objectifs de développement et au-delà améliorer la gouvernance.

**** ***

PRÉSENTATION DE L'OUVRAGE

A QUI CET OUVRAGE EST-IL DESTINE ?

L'objectif de cet ouvrage ne consiste pas à analyser tous les cas qui peuvent se présenter, mais à apporter à travers les explications fournies, des réponses simples aux questions fondamentales que peuvent se poser, des intervenants, tout au long des processus de préparation, de passation et d'exécution des marchés.

Cet ouvrage est un recueil de bonnes pratiques, destiné aux Autorités contractantes et autres praticiens, c'est-à-dire à ceux qui, effectivement sont actifs dans les marchés, mais ne disposent pas de toutes les compétences pour, mener à bien leurs projets d'acquisition. Il s'adresse dans une moindre mesure, aux spécialistes qui n'y trouveront pas les réponses aux questions précises qu'ils peuvent se poser.

Les thèmes qui y sont développés ne concernent pas certaines catégories de la commande publique faisant appel à des procédures lourdes ; il y est traité la « passation de marchés courants » intéressant l'immense majorité des personnes qui s'initient à cette discipline. Il y est aussi fait cas des causes d'échecs ainsi que les principales conditions à réunir pour assurer une bonne mise en œuvre de la passation des marchés.

COMMENT EST-IL ORGANISÉ ?

Cet ouvrage est présenté en huit tomes que sont :

1. Les prérequis pour la passation des marchés et les procédures prévues ;
2. La passation des marchés de travaux, de fournitures et prestations physiques ;
3. Les marchés de prestations intellectuelles ;
4. L'exécution technique des marchés ;
5. L'exécution financière des marchés ;
6. L'archivage des marchés ;
7. Le Contrôle et l'Audit des marchés.
8. La passation des marchés communautaires.

Ce découpage est fait dans le souci de mieux cerner le Système de contrôle des marchés, l'expression des besoins et les procédures de mise en concurrence, l'attribution des marchés, leur exécution. Les aspects collatéraux de la passation et qui démontrent la non-pertinence et les imperfections dans les actions entreprises (archivage, et audit) sont aussi passés en revue. Dans ce qui suit, il est fait une brève présentation des questions développées au niveau du premier tome.

PRÉSENTATION DU PREMIER TOME

Le Tome premier de cet ouvrage dans sa première partie présente, l'approche générale de la réglementation des marchés publics et les prérequis en cinq chapitres :

- **Chapitre 1 :** Définition et terminologie de mots utilisés.
- **Chapitre 2 :** le système des marchés publics.
- **Chapitre 3 :** les buts et principes directeurs.
- **Chapitre 4 :** le contrôle de la passation des marchés.
- **Chapitre 5 :** Seuils et modes de passation des marchés.

La deuxième partie du tome 1, en trois chapitres, développe les contours d'une bonne détermination des besoins de l'Autorité contractante et indique les techniques pour asseoir une bonne planification des marchés.

- **Chapitre 1 :** Marchés et ressources financières.
- **Chapitre 2** : Détermination des besoins.
- **Chapitre 3 :** Planification des marchés.

La troisième partie du tome 1 est consacrée aux procédures prévues au Code des marchés (PPCM) pour la passation des marchés de travaux, de fournitures et de services physiques.

Pour chaque « PPCM », il est donné une définition, la procédure qui lui est attachée, pour ensuite présenter les avantages et inconvénients liés à son utilisation.

Le titre premier de la troisième partie du tome 1 présente les différentes procédures simplifiées que sont les différentes formes de Demande de renseignements et de prix (DRP) ou de cotation locale de fournisseurs.

Le Titre deux de la troisième partie du tome 1 présente la procédure de l'appel d'offres ouvert et les procédures dérivées.

- **Chapitre 1 :** l'appel d'offres ouvert.
- **Chapitre 2 :** l'Appel d'offres avec pré qualification.
- **Chapitre 3 :** l'Appel d'offres en deux étapes.
- **Chapitre 4 :** l'Appel d'offres sur concours.
- **Chapitre 5 :** l'Appel d'offres restreint.

La troisième partie du tome 1, dans son titre premier, explore les procédures spécifiques prévues au Code des marchés publics. Il s'agit de l'Entente directe, l'Offre spontanée et des différentes procédures qui permettent à l'Autorité contractante de gérer des besoins récurrents.

Sur le moyen terme ou même à plus longue échéance, l'Autorité contractante peut stabiliser ses relations contractuelles avec un ou plusieurs opérateurs économiques en ayant recours aux marchés à commandes, aux marchés de clientèle, aux marchés à tranches ou aux accords-cadres.

Le dernier chapitre de cette troisième partie est réservé aux Délégations de services publics. Les Prestations intellectuelles sont traitées de manière spécifique au niveau du tome 3.

COMMENT PEUT-ON L'UTILISER ?

On peut utiliser chacun des tomes de cet ouvrage, de plusieurs façons :

- en faire une lecture exhaustive, du début à la fin, méthode fastidieuse, qui ne présente que peu d'intérêt, mais permet d'avoir une vue d'ensemble sur la passation des marchés ;
- rechercher dans le sommaire de chaque tome les pages en rapport avec une question précise que l'on peut se poser et les exploiter en faisant des recoupements ;
- rechercher dans les approches proposées, ou dans un chapitre, une page ou un ensemble de paragraphes des éléments de-réponse pouvant satisfaire la question posée.

QUELLE EST SON AMBITION ?

Chacun des tomes a, pour ambition, de mettre à la disposition des intervenants, des informations et clarifications, permettant, d'organiser au mieux la conduite des processus de passation, d'exécution, de contrôle et d'audit des marchés avec, en « pointe de mire », les trois principes que sont la Transparence- l'Equité et l'Economie.

Il s'agit donc de mettre à leur disposition des informations et des repères pour bien piloter les processus des marchés, sans se perdre dans les méandres d'une réglementation, extrêmement complexe. Son ambition s'arrête là.

★★★★ ★★★

PREMIÈRE PARTIE

PRE-REQUIS POUR LA PASSATION DES MARCHÉS

**** ***

CHAPITRE I

DÉFINITION ET TERMINOLOGIE DE MOTS UTILISÉS DANS LA PASSATION DES MARCHÉS DE TRAVAUX, FOURNITURES ET SERVICES PHYSIQUES.

Le secteur des marchés publics est un domaine particulier qui contient beaucoup de termes techniques. Ce chapitre met à disposition un glossaire pour la maîtrise du vocabulaire utilisé ; il est organisé de manière à permettre de trouver rapidement un terme, grâce à une indexation par ordre alphabétique.

Avant de procéder au listage alphabétique, il sera d'abord donné une définition du terme « marchés publics » pour ensuite détailler ses caractéristiques, afin de bien comprendre les différents mots utilisés dans cet ouvrage.

1.1 DÉFINITION DE « MARCHÉS PUBLICS ».

Un marché public est un contrat écrit conclu à titre onéreux par une Autorité contractante en vue de satisfaire ses besoins en matière de travaux, de fournitures ou de services ou des besoins combinant ces différentes catégories. De cette définition, on peut tirer :

1.1.1 Un marché public est un contrat administratif.

Un marché public est un contrat écrit de droit administratif consacrant l'accord de deux volontés contradictoires entre deux personnes dotées de la personnalité juridique, c'est-à-dire qui disposent de capacités leur permettant d'exercer des droits et d'être assujetties à des obligations.

1.1.2 Un marché public est un contrat écrit.

Tout marché doit faire l'objet d'un écrit, sauf ceux de très faible montant, prenne la forme d'un contrat écrit. Cette forme écrite du contrat permet de répondre aux dispositions relatives aux pièces contractuelles et mentions obligatoires.

1.1.3 Un marché public est conclu pour un besoin.

Un marché public est un contrat qui doit répondre à un ou à des besoins d'une l'Autorité contractante en matière de fournitures, services et travaux, il ne doit pas être fictif ou hypothétique.

1.1.4 Un marché public est conclu à titre onéreux.

Les prestations convenues d'accord-partie doivent être effectuées en contrepartie d'un prix payé par l'Administration (le marché, dans la majorité, des cas donnera lieu au versement d'une somme d'argent par les services financiers de l'Administration (le trésor public).

1.2 DÉFINITION DES TERMES ET DES MOTS UTILISÉS.

Lors de la rédaction des dossiers de marchés, une Autorité contractante a intérêt à apprécier et connaître parfaitement la définition et le sens des principaux termes utilisés dans les documents de marchés. Il est recommandé de ne pas utiliser des anglicismes dans les marchés publics, lorsqu'un équivalent, en français, existe.

Connaître le sens des mots ou termes employés est fondamental. Les termes utilisés peuvent ou font parfois l'objet d'interprétations divergentes et de discussions interminables lors de la passation ou au moment de la réception des prestations, d'où l'intérêt de les définir de la manière la plus pointue possible, pour qu'ils s'appliquent correctement à l'ensemble des pièces du marché.

La définition de certains des mots ou termes utilisés dans cet ouvrage est présentée dans l'ordre alphabétique.

1.2.1 L'Acte d'engagement.

Le terme « Acte d'engagement » désigne la pièce fondamentale d'un marché, qui consacre l'échange de consentements des parties et la démonstration de leur accord sur l'objet, le contenu et le prix de la prestation objet du marché.

1.2.2 L'Accord-cadre.

Le terme « Accord-cadre » désigne l'accord conclu avec des fournisseurs de biens, de travaux et de services, y compris les prestations intellectuelles, fixant les termes et conditions de la passation de marchés individuels subséquents qui peuvent être attribués pendant la durée de l'accord. L'accord-cadre est, en règle générale, basé sur des prix qui ont été préalablement fixés, ou qui sont déterminés lors de la remise en concurrence ou par une procédure permettant leur modification sans remise en concurrence.

1.2.3 L'Affermage.

Le terme « Affermage » désigne le contrat par lequel une Autorité contractante confie à une personne morale tierce la gestion d'un service public.

1.2.4 L'Allotissement.

Le terme « allotissement » désigne la décomposition d'un marché en lots.

1.2.5 L'Appel d'offres.

Le terme « Appel d'offres » désigne la procédure par laquelle, une Autorité contractante choisit, sans négociation, une offre qui répond à tous les critères de soumission et pour laquelle le soumissionnaire satisfait aux critères de qualification.

1.2.6 L'Appel d'offres sur concours.

Le terme « Appel d'offres sur concours » désigne la procédure par laquelle une Autorité contractante choisit, après mise en concurrence et avis d'un jury, un plan ou un projet, notamment dans le domaine de l'aménagement du territoire, de l'urbanisme, de l'architecture et de l'ingénierie ou des traitements de données, avant d'attribuer le marché.

1.2.7 L'Appel d'offres en deux étapes.

Le terme « Appel d'offres en deux étapes » désigne la procédure par laquelle une Autorité contractante choisit dans un premier temps, sur la base de critères de performance une solution technique avant de choisir un Candidat ou soumissionnaire qui aura présenté la meilleure offre financière et qui satisfait aux critères de qualification consignés dans le Dossier de consultation bâti à partir de la solution technique retenue.

1.2.8 Appel d'offres international

Le terme « Appel d'offres international » désigne le mode de passation de marché utilisant des moyens de publicité au niveau international et s'adressant aux personnes physiques et morales répondant aux critères d'éligibilité et de qualification définis dans les dossiers d'appel d'offres.

1.2.9 Appel d'offres national

Le terme « Appel d'offres national » désigne le mode de passation de marché utilisant des moyens de publicité au niveau national et s'adressant aux personnes physiques et morales répondant aux critères d'éligibilité et de qualification définis dans les dossiers d'appel d'offres.

1.2.10 L'Appel d'offres ouvert.

Le terme « Appel d'offres ouvert » désigne la procédure par laquelle une Autorité contractante choisit, sans négociation, une des offres déposées par tous les opérateurs éligibles qui répond à tous les critères de soumission et pour laquelle le soumissionnaire satisfait aux critères de qualification du Dossier de consultation.

1.2.11 L'Appel d'offres avec préqualification.

Le terme "Appel d'offres avec préqualification" désigne la procédure par laquelle une Autorité contractante sélectionne toutes les entreprises compétentes pour mener à bien des contrats de vastes projets de construction, de génie civil, de fourniture ou l'installation d'équipements importants conçus sur mesure et, choisit après mise en concurrence, le Candidat ou soumissionnaire, qui a présenté l'offre conforme évaluée moins-disant.

1.2.12 L'Appel d'offres restreint.

Le terme « Appel d'offres restreint » désigne la procédure par laquelle une Autorité contractante consulte après autorisation de la Direction en charge du Contrôle de la passation des marchés publics, les Candidats de son choix et retient, après mise en concurrence, le Candidat ou soumissionnaire sur la liste restreinte qui a présenté la meilleure offre conforme et moins-disant.

1.2.13 L'Appui budgétaire.

Le terme « Appui budgétaire » désigne la modalité de mise en œuvre de financements extérieurs, qui consiste à appuyer la stratégie de croissance d'un pays en apportant des ressources supplémentaires au budget national, à travers des transferts de fonds, sur le compte du trésor public.

1.2.14 L'Autorité contractante

Le terme « Autorité contractante » désigne les personnes morales, services et organismes de droit public chargés de dérouler les procédures des marchés publics.

1.2.15 L'Autorité de Régulation des marchés publics

Le terme « Autorité de Régulation des marchés publics (ARMP) » désigne l'instance chargée notamment d'analyser et diffuser les informations relatives à la commande publique pour donner, tout avis sur les procédures et processus, de proposer des adaptations à la réglementation des marchés publics.,

1.2.16 L'Avis d'Appel à candidatures

Le terme « Avis d'Appel à candidatures (AAC) » signifie l'avis spécifique d'appel à candidatures destiné à informer les Candidats potentiels de la possibilité de déposer un dossier de candidature en vue de leur pré qualification.

1.2.17 L'Avis d'Appel d'offres ouvert

Le terme « Avis d'Appel d'offres ouvert (AAO) » signifie l'avis spécifique d'appel à la concurrence publié conformément au modèle dans les différents Dossiers types de travaux, de fournitures et de services pour informer les Candidats.

1.2.18 L'Avis général de passation de marchés

Le terme « Avis général de passation de marchés » désigne le moyen par lequel une Autorité contractante fait connaître, par le canal d'une publicité, les caractéristiques essentielles des marchés de travaux, fournitures, de services physiques et de prestations intellectuelles à passer au cours d'une année.

1.2.19 L'Avis de non-objection

Le terme « Avis de non-objection » signifie que la structure chargée de la vérification d'un dossier qui lui est soumis ; au cours d'une étape du processus de passation de marchés ; n'a pas trouvé d'argument qui pourrait invalider, ce qui y est exposé.

1.2.20 Le Cahier des charges

Le terme « Cahier des charges » désigne le document établi par l'Autorité contractante et définissant les exigences qu'elle requiert, les méthodes à utiliser, les moyens à mettre en œuvre, les préoccupations dont il faut tenir compte ainsi que les résultats escomptés dans le cadre d'une passation de marchés.

1.2.21 Le Cahier des clauses administratives générales

Le terme « Cahier des clauses administratives générales (CCAG) » désigne le recueil de clauses rédigées dans les dossiers types contenant des clauses juridiques, administratives et financières applicables à tous les marchés publics d'une même nature, ou d'un même secteur d'activité, qui s'y réfèrent expressément.

1.2.22 Le Cahier Clauses Administratives Particulières

Le terme « Cahier des Clauses administratives particulières (CCAP) » désigne le recueil de clauses indiquées dans les dossiers types pour préciser ou déroger aux stipulations du CCAG auquel il fait référence.

1.2.23 Le Cahier des Clauses techniques générales

Le terme « Cahier des clauses techniques générales (CCTG) » désigne une partie des Dossiers types qui fixe les stipulations techniques applicables à tous les marchés publics d'une même nature, ou d'un même secteur d'activité, qui s'y réfèrent expressément.

1.2.24 Le Cahier des Clauses techniques particulières

Le terme « Cahier des clauses techniques particulières (CCTP) » désigne la pièce constitutive et contractuelle d'un marché public, élaborée en amont de la procédure, à laquelle le soumissionnaire adhère sans condition ni réserve lorsqu'il fait une offre.

1.2.25 Le Cahier des Prescriptions communes

Le terme « Cahier des Prescriptions communes (CPC) » signifie l'ensemble des clauses techniques qui s'appliquent aux travaux, fournitures ou services de même nature.

1.2.26 Le Cahier des Prescriptions spéciales

Le terme « Cahier des Prescriptions spéciales (CPS) » signifie l'ensemble des documents, comprenant le Cahier des Clauses administratives particulières et les Spécifications techniques, faisant partie du Dossier d'Appel d'offres et des pièces du Marché.

1.2.27 Le Candidat

Le terme « Candidat » désigne indifféremment, toute personne physique ou morale privée ou publique gérée suivant les règles commerciales privées qui manifeste un intérêt à participer ou qui est retenue par une autorité contractante pour participer à une procédure de passation de marchés.

1.2.28 La Candidature

Le terme « Candidature » désigne l'acte par lequel le candidat manifeste un intérêt à participer, sans que cet acte ne l'engage ni lui impose des obligations vis-à-vis de l'autorité contractante.

1.2.29 La Cellule de passation des marchés

Le terme « Cellule de passation des marchés » désigne l'organe créé auprès des autorités contractantes, chargé de l'appui-conseil en matière de marchés publics et des délégations de service public et du contrôle a priori des dépenses en dessous des seuils de revue de l'organe chargé du contrôle des marchés publics et des délégations de service public.

1.2.30 La Charte d'Éthique et de transparence

Le terme « Charte d'Éthique et de transparence » se rapporte aux dispositions à observer en matière de marchés publics.

1.2.31 Un Code des marchés publics

Le terme « Code des marchés publics » désigne le « recueil d'articles » qui constitue la base juridique utilisée pour encadrer les procédures relatives à la conclusion des marchés publics de travaux, de fournitures ou de prestations de services physiques ou prestations de services intellectuels et se prémunir des risques pouvant être engendrés au cours de l'exécution ou lors de l'extinction des relations contractuelles générées.

1.2.32 La Commande publique

Le terme « commande publique » désigne l'ensemble des contrats passés par l'État pour satisfaire ses besoins. C'est une notion très large qui englobe plusieurs formes de contrats tels les marchés publics, les délégations de services publics, les contrats de partenariat public/privé.

1.2.33 La Commission de passation des marchés publics

Le terme « Commission de passation des marchés publics » désigne l'organe dont les membres sont désignés annuellement par l'Autorité contractante pour procéder à l'ouverture et à l'évaluation des offres ; elle recommande, dans ses conclusions, l'attribution du marché.

1.2.34 Comité de Règlement des Différends

Le terme « Comité de Règlement des Différends » désigne le Comité créé auprès de l'organe chargé de la régulation des marchés publics pour statuer sur les irrégularités commises par les intervenants aux marchés publics et sur les recours exercés par les candidats et soumissionnaires quant à la procédure de passation ou d'exécution des marchés publics, de même sur les litiges entre organes de l'Administration survenant dans le cadre de la procédure de passation de marchés publics.

1.2.35 La Concession »

Le terme « Concession » désigne le contrat, la convention ou le traité par lesquels une autorité publique confie à une personne morale tierce (de droit privé ou de droit public) la réalisation de travaux ou l'achat des moyens liés à l'établissement du service public et son exploitation.

1.2.36 Le Concours »

Le terme « Concours » désigne la procédure par laquelle l'Autorité contractante choisit, après mise en concurrence et avis d'un jury, un plan ou un projet, notamment dans le domaine de l'aménagement du territoire, de l'urbanisme, de l'architecture et de l'ingénierie ou des traitements de données, avant d'attribuer le marché.

1.2.37 La Confidentialité

Le terme « Confidentialité » désigne la stricte observation des recommandations de la Charte d'Éthique et de Transparence, qui voudrait qu'aucun renseignement concernant l'évaluation des offres et les recommandations d'attribution ne puisse être communiqué aux Candidats ayant soumis une offre tant que l'attribution provisoire n'a pas été publiée.

1.2.38 Le Contrôle a priori

Le terme « Contrôle a priori » désigne la vérification préalable des processus de passation des marchés.

1.2.39 Le Contrôle a posteriori

Le terme « Contrôle a posteriori » désigne la vérification de la validité des processus antérieurs menés pour la conclusion d'un marché.

1.2.40 La Détermination préalable des besoins

Le terme « Détermination préalable des besoins » désigne la définition précise de la qualité des prestations à obtenir, le contexte dans lequel ces prestations doivent pouvoir être assurées, les quantités souhaitées et une bonne appréhension des services associés afin de déterminer le coût global de la prestation.

1.2.41 Les Délais

Le terme « Délais » désigne le temps exprimé en jours calendaires accordé du début d'un processus à sa finalisation.

1.2.42 Le Délégataire

Le « terme « Délégataire » désigne la personne morale de droit privé ou de droit public signataire d'une convention de délégation de service public à laquelle l'autorité délégante confie, conformément aux dispositions du présent code, l'organisation et/ou l'exploitation d'un service public avec ou sans prestations complémentaires.

1.2.43 La Délégation de service public

Le terme « Délégation de service public » désigne le contrat de droit public par lequel, une personne morale de droit public confie la gestion d'un service public sous sa responsabilité à un délégataire public ou privé dont la rémunération est substantiellement liée au résultat d'exploitation du service.

1.2.44 La Demande de clarifications

Le terme « Demande de clarifications » désigne la saisine, du soumissionnaire, faite par l'Autorité contractante pendant la période d'évaluation des offres, aux fins de clarifier certains composants de son offre ou communiquer des détails permettant de la décrire plus clairement ou de l'expliquer avec une plus grande exactitude.

1.2.45 La Demande d'éclaircissements

Le terme « Demande d'éclaircissements » désigne la saisine de l'Autorité contractante faite par un Candidat, aux fins de recevoir des explications ou informations nécessaires sur certaines dispositions du Dossier d'appel à la concurrence dont le caractère a paru équivoque ou pour obtenir des renseignements complémentaires.

1.2.46 La Direction en charge du Contrôle des marchés publics

Le terme « Direction en charge du Contrôle des marchés publics » désigne l'organe chargé du contrôle du processus de passation des marchés.

1.2.47 Les Données particulières de l'Appel d'offres

Le terme « Données particulières de l'Appel d'offres (DPAO) » signifie les données complétant ou modifiant les clauses des Instructions aux Candidats pour les marchés de fournitures, services ou travaux dans un Dossier d'Appel d'offres.

1.2.48 Le Dossier d'Appel à Candidatures

Le terme « Dossier d'Appel à Candidatures » désigne le dossier contenant les informations permettant aux Candidats à la pré qualification de remettre leur dossier pour fournir un bien ou service ou exécuter des travaux.

1.2.49 Le Dossier de consultation

Le terme « Dossier de consultation » désigne l'ensemble remis aux concurrents qui contient : l'Acte d'engagement), le CCAP, le CCTP et le cadre de réponse à compléter par les candidats ainsi que toute pièce pour la compréhension du dossier.

1.2.50 Les Dossiers Types

Le terme « Dossiers Types » désigne les différents documents contenant les instructions aux Candidats, les données particulières, les modèles permettant d'élaborer les dossiers de mise en concurrence.

1.2.51 L'Entente directe

Le terme « Entente directe » désigne la procédure suivant laquelle une Autorité contractante engage directement des discussions qui lui paraissent utiles avec un Candidat identifié à l'avance et envisage que lui soit attribué le Marché.

1.2.52 L'Entreprise communautaire"

Le terme "Entreprise communautaire" désigne une entreprise dont le siège social est situé dans un état membre de l'Union économique et monétaire ouest-africaine (UEMOA).

1.2.53 Le Financement conjoint

Le terme « Financement conjoint » désigne les ressources mises en commun par un ou plusieurs financiers, en utilisant les mêmes règles en matière d'acquisition de biens et travaux, de prestations physiques ou intellectuelles.

1.2.54 Le Financement direct

Le terme « Financement direct » désigne les ressources budgétaires mises à disposition de l'Administration et qui sont collectées à partir des taxes et autres redevances payées à l'État.

1.2.55 Le Financement des marchés

Le terme « Financement des marchés » désigne les ressources financières mises à la disposition de l'État pour satisfaire des besoins en travaux, fournitures, prestations de services courants ou en prestations intellectuelles, écarter des contraintes au développement et participer à la conservation des ressources naturelles.

1.2.56 Le Financement parallèle

Le terme « Financement parallèle » désigne l'ensemble des ressources financières octroyées par plusieurs financiers, en vue de participer à la réalisation des activités prévues dans des composantes séparées de programmes ou projets, chacun des bailleurs utilisant ses propres règles d'acquisition.

1.2.57 Les Fournitures »

Le terme « Fournitures » désigne des biens de toutes sortes y compris des mobiliers des matières premières, produits, équipements, ou objets sous forme solide, liquide ou gazeuse, y compris l'acquisition desdits biens et les services accessoires à la fourniture des biens, si la valeur des services ne dépasse celle des biens.

1.2.58 La **Garantie de soumission**

Le terme « Garantie de soumission » est la sécurité fixée dans le Dossier d'Appel d'offres, en fonction de l'importance du marché pour une valeur absolue, comprise entre un et trois pour cent (1 et 3%) du montant prévisionnel ou estimé du marché ; elle doit rester valable 28 jours au-delà de la date d'expiration de la validité des offres.

1.2.59 L'Imprévu »

Le terme « Imprévu » désigne en passation des marchés tout événement non prévisible dû à un phénomène extérieur ou inconnu au moment des faits.

1.2.60 Les Instructions aux Candidats

Le terme « Instructions aux Candidats » (IC) est la première section des Dossiers types d'appel à la concurrence qui a pour objet d'indiquer aux Candidats les règles générales à suivre pour préparer et déposer des offres conformes, aux conditions fixées par le Dossier d'appel d'offres.

1.2.61 « Jour»

Le terme « Jour» signifie jour calendaire ; sauf précision les délais exprimés dans les marchés publics sont décomptés en jours calendaires commençant le premier jour à minuit et, se terminant, le dernier jour à O heure.

1.2.62 Le lot

Le terme « lot » désigne l'unité autonome (des prestations distinctes) de travaux, fournitures, services physiques ou prestations intellectuelles pouvant être attribuée séparément et faire l'objet d'un marché.

1.2.63 Les marchés de clientèle

Le terme « Marché de clientèle » désigne le contrat par lequel l'Autorité contractante s'engage à confier au titulaire, pour une période limitée qui ne saurait excéder une année renouvelable une fois, l'exécution de tout ou partie de certaines prestations ou fournitures au fur et à mesure des besoins.

1.2.64 Les marchés à commandes

Le terme « Marchés à commandes » désigne contrat par lequel, l'Autorité contractante couvre ses besoins courants annuels de fournitures dont il n'est pas possible, en début d'année, de prévoir l'importance exacte ou qui excèdent les possibilités de stockage.

1.2.65 Les marchés complémentaires

Le terme « Marché complémentaire » désigne le Marché passé sans publicité ni mise en concurrence permettant de commander par entente directe auprès d'un contractant des prestations supplémentaires d'une nature similaire ou complémentaire à celles réalisées par ce dernier. Son régime est différent de celui des avenants.

1.2.66 Les marchés à prix forfaitaires

Le terme « Marché à prix forfaitaires » désigne les marchés ou le prix global fixé à l'avance est réputé comprendre toutes les dépenses résultant de toutes sujétions prévisibles pour son exécution totale.

1.2.67 Les marchés à tranches

Le terme « Marchés à tranches » désigne le type de marché dont il est fait recours, lorsque les prestations sont déterminables dans l'ensemble de leurs composantes, mais leur exécution complète est incertaine pour des motifs d'ordre économique ou financier, chaque marché pouvant être divisé en une tranche ferme et des tranches conditionnelles.

1.2.68 Les marchés à prix unitaires

Le terme « Marché à prix unitaires » désigne le marché dont le prix résulte de l'application des prix aux quantités livrées ou exécutées.

1.2.69 Les marchés sur dépenses contrôlées

Le terme « Marché sur dépenses contrôlées » désigne le marché dont on peut recourir, lorsqu'il n'est pas possible de définir des prescriptions techniques pour des prestations à réaliser sans délai ; avec comme mode de rémunération : la marge de bénéfice, le remboursement des dépenses par le titulaire pour les salaires et autres les charges salariales, les matériels et équipements utilisés, le cas échéant, les matériaux et matières consommables employés et les frais généraux.

1.2.70 L'Offre

Le terme « Offre » désigne l'ensemble des éléments techniques et financiers inclus dans le dossier de soumission.

1.2.71 « Offre évaluée moins-disant

Le terme « Offre évaluée moins-disant » désigne l'offre qualifiée pour laquelle la prise en compte de la qualité technique, évaluée en terme monétaire, peut, le cas échéant, intervenir de façon secondaire dans le règlement de la consultation.

1.2.72 « L'Offre mieux-disant

Le terme « Offre mieux-disant » désigne l'offre qualifiée pour laquelle les coûts induits ou d'exploitation peuvent aussi être pris en compte pour contrebalancer le prix intrinsèque de la fourniture ou de la prestation.

1.2.73 Offre moins-disant

Le terme « Offre moins-disant » désigne l'offre conforme aux spécifications techniques et dispositions administratives et dont le prix est, parmi toutes les offres présentées, le plus bas.

1.2.74 L'Offre spontanée

Le terme « Offre spontanée » désigne une offre relative à une prestation de services ou la réalisation de travaux, notamment dans le cadre de "marché clé en main" assorti d'un montage financier, qui n'est soumise en réponse ni à un appel d'offres ou une Entente directe.

1.2.75 La passation des marchés publics »

Le terme « Passation des marchés publics » désigne le processus d'acquisition de biens, travaux, services physiques ou prestations intellectuelles résultant de l'attribution de contrats de prestations payées conformément aux règles de la finance publique.

1.2.76 La Personne responsable des marchés publics

Le terme « Personne responsable des marchés publics (PRMP) » désigne la personne chargée de conduire la procédure de passation, de signer le marché au nom de l'Autorité contractante.

1.2.77 La Planification des marchés

Le terme « Planification des marchés » désigne le processus par lequel une Autorité contractante définit le chronogramme de chacune des étapes de la passation des différents marchés à passer au cours d'une période en tenant compte de la charge de travail de chacun des services ou directions concernés et des contraintes réglementaires, logistiques ou politiques.

1.2.78 Le Plan de passation des marchés

Le terme « Plan de passation des marchés » désigne le document obligatoire par lequel, une Autorité contractante, pour promouvoir la concurrence, fait connaître, par le canal d'une programmation, les données essentielles sur les marchés à passer au cours d'une année, afin de tenir informées les parties des opportunités d'affaires offertes.

1.2.79 La post qualification

Le terme « Post qualification » désigne, l'évaluation effectuée par l'Autorité contractante à la suite de l'évaluation des offres et avant l'attribution du marché afin d'assurer que le Candidat dont l'offre conforme et moins-disant, est qualifié pour exécuter le marché conformément aux critères de qualification arrêtés au préalable.

1.2.80 Les Prestations intellectuelles

Le terme « Prestations intellectuelles » désigne les prestations réalisées grâce à une démarche rationnelle de l'esprit axée sur la réflexion et l'imagination créative à partir de cahiers de charges indiquant le budget, la contrainte temporelle pour le dépôt des livrables, présentant, des situations, des solutions, ou des orientations permettant à l'Autorité contractante l'identification et la validation des meilleures alternatives possibles.

1.2.81 La Pré qualification

Le terme « Pré qualification » désigne l'évaluation préalable faite par l'Autorité contractante pour s'assurer que l'expérience et les capacités des entreprises ayant exprimé, leur intérêt à entreprendre un marché particulier, est en phase avec l'ampleur et la complexité de la mission envisagée.

1.2.82 Les Prestations de services physiques

Le terme « services physiques courants » désigne une grande variété de prestations, telles que les services d'entretien, de réparation de matériels, de gardiennage, de transports, de nettoyage, etc.

1.2.83 La Procédure de marché public «

Le terme « Procédure de marché public » désigne l'ensemble des mesures d'ordre réglementaire que doit suivre une Autorité contractante pour mettre en concurrence des Candidats sans laisser intervenir, des considérations politiques ou extra économiques, mais en tenant compte des aspects économiques qui régissent la commande publique.

1.2.84 La « Procédure prévue au Code des marchés »

Le terme « Procédure prévue au Code des marchés ou PPCM » désigne l'ensemble de règles établies par les Codes de marchés publics, ses arrêtés d'application, ainsi que les méthodes indiquées dans les Dossiers types, à respecter, pour la conclusion d'un contrat de marché.

1.2.85 La Procédure ouverte

Le terme « Procédure ouverte » est la procédure qui consiste à laisser à tout Candidat éligible la possibilité de déposer une offre.

1.2.86 La Procédure restreinte

Le terme « Procédure restreinte » consiste à ne laisser qu'aux Candidats sélectionnés la possibilité de déposer une offre.

1.2.87 Le Processus de passation de marchés

Le terme « Processus de passation de marchés » désigne l'ensemble des activités corrélées conduisant à la conclusion d'un contrat de marché, il prend la dénomination de « Passation de marchés publics » lorsque les ressources de l'État financent cette acquisition.

1.2.88 Le Projet de marché

Le terme « Projet de marché » désigne toute initiative visant la satisfaction d'un besoin au niveau du maître d'ouvrage et pouvant nécessiter l'engagement des fonds publics en vue d'acquérir des fournitures, de faire exécuter des travaux ou toute autre prestation.

1.2.89 Le Recours contentieux »

Le terme « Recours contentieux » désigne l'action menée par un Candidat à un marché public en direction de l'Autorité contractante auprès de l'ARMP en vue de régler un contentieux né au cours des processus de passation ou d'exécution d'un marché.

1.2.90 Le Recours gracieux

Le terme « Recours gracieux » désigne l'action menée par Candidat à un marché public en direction de l'Autorité contractante en vue de faire une réclamation sur le processus de passation de marchés.

1.2.91 Redevance de régulation

Le terme « Redevance de régulation » désigne le pourcentage du montant du Marché dû par le titulaire à l'Autorité de Régulation des marchés publics.

1.2.92 Le Seuil de passation de marchés

Le terme « seuil de passation de marchés » désigne le niveau de ressources financières exprimé en chiffres, qui constitue une limite pour déclencher une des procédures de passation prévues.

1.2.93 La Soumission

Le terme « Soumission » désigne l'acte d'engagement écrit au terme duquel un Candidat fait connaître ses conditions et s'engage à respecter les cahiers des charges applicables.

1.2.94 Le Soumissionnaire

Le terme « Soumissionnaire » désigne le Candidat ayant déposé un pli aux date et heure limites de dépôt des offres pour participer à la concurrence.

1.2.95 Les Spécifications techniques

Le terme « Spécifications techniques » désigne les caractéristiques requises d'un matériau, d'une fourniture ou d'un service pour que ceux-ci répondent à l'usage auquel ils sont destinés.

1.2.96 Le SYGMAP

Le terme « SYGMAP » ou Système de Gestion des marchés publics désigne l'outil de travail institutionnel qui permet aux Autorités contractantes de dérouler la passation de leurs marchés publics.

1.2.97 Le Titulaire

Le terme « titulaire » désigne la personne physique ou morale retenue au terme du processus de passation et d'approbation d'un marché et qui a en charge son exécution.

1.2.98 Les Travaux

Le terme « Travaux » désigne toutes les opérations de construction, reconstruction, démolition, réparation ou rénovation de tout bâtiment ou ouvrage, y compris la préparation du chantier, les travaux de terrassement, l'installation d'équipements ou de matériels, la décoration et la finition.

****** ******

CHAPITRE II –

ORGANES DE RÉGULATION, DE CONTRÔLE ET DE PASSATION DES MARCHÉS PUBLICS.

2.1 L'AUTORITÉ CHARGÉE DE LA RÉGULATION.

L'Autorité de Régulation des marchés publics (ARMP) est souvent une structure administrative indépendante, rattachée à une hiérarchie élevée de l'Administration pour gérer le Système des marchés publics.

2.1.1 Les attributions de l'ARMP.

L'ARMP est une structure dotée de l'autonomie financière et de gestion et a pour principales attributions :

- la Régulation de la commande publique à travers les marchés publics et les Délégations de Services publics et autres contrats administratifs ;
- le règlement non juridictionnel des litiges ;
- la sanction des irrégularités et le règlement à l'amiable des différends ;
- l'information la formation et la professionnalisation des métiers de la commande publique ;
- le suivi et l'évaluation du système des marchés publics par l'exécution d'enquêtes, la mise en œuvre d'audits indépendants des marchés publics ;
- l'assistance à l'élaboration de la réglementation, la normalisation et la promotion de la documentation sur les marchés publics.

2.1.2 Structuration de l'Autorité de régulation des marchés publics (ARMP).

Les instances d'administration des ARMP sont pour la plupart du temps articulées autour de trois organes que sont : le Conseil de Régulation ; le Comité de Règlement des Différends ; la Direction générale.

2.1.2.1 Le Conseil de Régulation.

Le Conseil de régulation est un organe tripartite et paritaire composé de représentants de l'Administration publique, du Secteur privé et de la Société civile à raison de trois (3) par organisation.

2.1.2.2 Le Comité de Règlement des différends.

Le Comité de Règlement des différends (CRD) a deux fonctions distinctes : statuer sur les recours ; statuer en formation disciplinaire, suite à une saisine pour des faits, irrégularités, infractions pouvant entraîner une exclusion des marchés ou des sanctions sous forme de pénalités pécuniaires.

2.1.2.3 La Direction générale.

La Direction générale est assurée par un Directeur général, nommé sur la base de critères d'intégrité morale, de qualification et d'expérience dans les marchés publics pour un mandat, de trois ans, renouvelable une fois.

a. Les services rattachés à la Direction générale.

Les Services rattachés à la Direction générale varient d'un pays à un autre, cependant on retrouve régulièrement un Secrétariat particulier et un Service administratif et financier.

Le Secrétariat particulier a comme attributions :

- l'enregistrement et du traitement du courrier confidentiel ;
- l'assistance du Responsable de l'ARMP dans ses fonctions de secrétaire rapporteur du Conseil de Régulation ;

Le Service administratif et financier est chargé de :

- la gestion du courrier ordinaire ;
- la conservation des marchés, contrats et conventions ;

La Direction générale de l'ARMP est assistée dans l'exécution de ses missions par des directions techniques :

- une Direction de la Réglementation et des Affaires juridiques ;
- une Direction de la Formation et des Appuis techniques ;
- une Direction des Statistiques et de la Documentation.

L'organisation et les attributions des directions techniques sont déterminées par le Directeur général après avis du Conseil de Régulation. Les Directeurs sont recrutés par voie d'Appel d'offres et nommés, sur proposition du Directeur général, par le Conseil de Régulation.

Chaque direction technique dispose d'un secrétariat administratif chargé de : la réception et de l'enregistrement du courrier qu'il soumet au visa du Directeur ; la gestion des fournitures de bureau et du matériel de bureau ; la saisie de tous documents administratifs et de toute autre tâche de secrétariat.

2.2 LA DIRECTION EN CHARGE DU CONTRÔLE DES PROCÉDURES DE PASSATION DES MARCHÉS PUBLICS.

2.2.1 Missions de la Direction en charge du Contrôle de la passation des marchés publics.

L'organe de contrôle des procédures de passation de tous les marchés publics a pour missions :

- d'assurer le contrôle des procédures de passation de marchés ;
- d'émettre des avis sur les décisions concernant l'attribution des marchés et d'accorder, les autorisations et dérogations nécessaires lorsqu'elles sont prévues par la réglementation ;
- d'assurer, en relation avec l'ARMP, la formation, l'information et le conseil de l'ensemble des acteurs de la commande publique sur la réglementation et les procédures applicables ;
- de contribuer, en relation avec l'ARMP, à la collecte et à l'analyse des données ainsi qu'à l'établissement des statistiques sur les marchés ;
- d'effectuer un examen juridique et technique, des projets de marchés avant leur approbation.

De par ses attributions, la Direction en charge du contrôle des marchés publics occupe une position stratégique dans le dispositif des marchés publics en assurant :

- la validation et la publication des Plans de passation des marchés ou plans de gestion des contrats ;
- la revue a priori, du processus de passation des marchés publics en fonction de seuils fixés par décret ;
- la revue a posteriori, du processus de passation des marchés publics dont les montants sont inférieurs aux limites de compétences ;
- l'autorisation d'utiliser des procédures spécifiques et l'octroi des autorisations et dérogations.

La mission de veille au respect des dispositions réglementaires de passation des marchés publics assujettit les agents de la Direction en charge du Contrôle de la passation des marchés publics à une obligation de conduite morale et professionnelle irréprochable, du fait qu'ils sont astreints à observer une certaine déontologie empreinte d'éthique.

2.2.2 Structuration possible d'une Direction en charge du Contrôle de la passation des marchés publics.

Une Direction en charge du Contrôle des procédures et processus de passation des marchés publics peut avoir une structuration diversifiée comprenant entre autres :

- une Division du Contrôle et des visas ;
- une Division des Statistiques et Informations ;
- une Division de la Formation, Conseil et Etudes ;
- une Division des affaires administratives et financières ;
- une section pour les archives et de la documentation

2.3 LES AUTORITÉS CONTRACTANTES.

Les Autorités contractantes sont les personnes morales, services et organismes de droit public.

PERIMETRE DES COLLECTIVITES PUBLIQUES

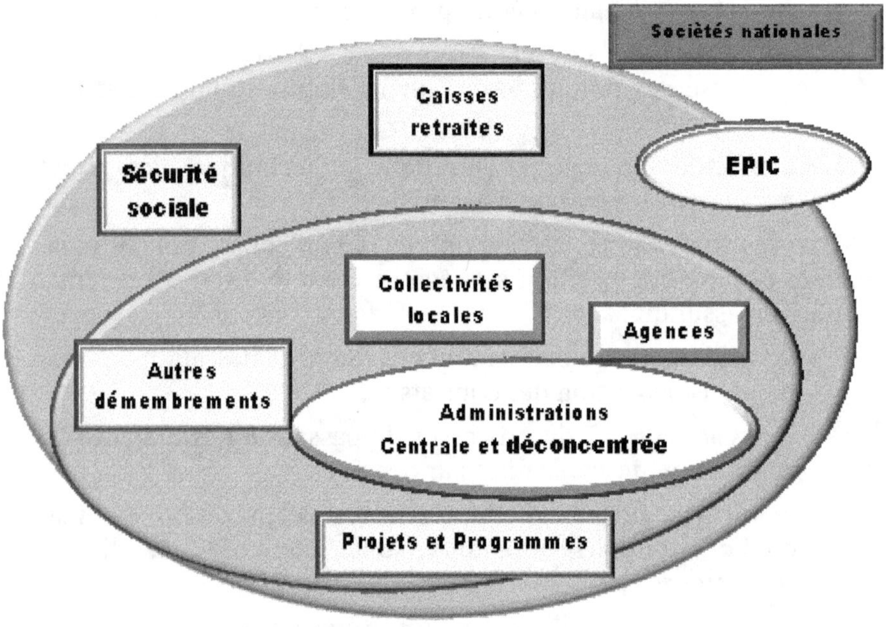

Le terme Autorité contractante est une fiction conférée à une personne morale dotée de personnalité juridique pouvant l'assujettir à un Code des marchés publics. Il ne s'agit pas d'une personne physique même si elle arbore l'expression « Autorité ». Par Autorité contractante il faut comprendre les personnes morales de droit public que sont :

- l'État, les collectivités territoriales décentralisées ;
- les établissements publics ;
- les autres organismes, agences ou offices créés par l'État ou les entités territoriales décentralisées pour satisfaire des besoins d'intérêt général et dont l'activité est financée majoritairement par l'État ou qui bénéficient du concours financier ou de la garantie de l'État, d'une Collectivité publique ou d'une association formée par ces autorités morales de droit public.

2.3.1 La Cellule des marchés publics

La Cellule des marchés est une structure au sein de chaque Autorité contractante qui a pour mission d'aider à assurer la conformité des dossiers aux procédures de passation des marchés indiquées dans le Code des marchés publics ou textes réglementaires ainsi, qu'au bon fonctionnement de la Commission de passation des marchés publics de sa structure de rattachement. A ce titre, elle est chargée, entre autres :

- de procéder à la revue préalable de tous les actes, soumis à l'Autorité contractante avant leur transmission à la Direction en charge du Contrôle de la passation des marchés publics ;
- de donner « avis de non-objection » sur les dossiers qui sont en dessous du seuil de « revue a priori » ;
- d'assurer le secrétariat de la commission des marchés ;
- d'identifier les besoins de formation ;
- de centraliser, traiter et conserver, les données sur les marchés.

La Cellule des marchés (CPM) procède, aussi, au niveau l'Autorité contractante dont elle relève, à la consolidation des Plans de passation des marchés publics et à l'élaboration des Avis généraux de passation des marchés.

2.3.1.1 Composition de la Cellule des marchés.

La composition de la CPM est fonction de la spécificité et de la charge de travail de chaque Autorité contractante. Quelle que soit sa configuration, le nombre de ses membres devra comprendre, au moins, une personne choisie en raison de ses compétences particulières en matière de marchés publics. Cette personne doit remplir certaines conditions pour occuper la fonction de Responsable de cellule des marchés.

La toute première condition est que le Chef de la cellule ait une qualification en rapport avec la mission qui lui est confiée à savoir avoir un certain niveau de qualification d'ordre général et avoir une expérience suffisante de la passation des marchés publics.

Du fait de la sensibilité des missions dévolues à la Cellule des marchés, il est important que tout son personnel signe une déclaration dans laquelle, il indique avoir pris connaissance des dispositions réglementaires relatives à la stricte observance de la transparence et autres principes des marchés publics au travers de la signature d'une Charte de Transparence et d'Éthique en matière de marchés publics ou d'une Déclaration d'Intégrité. Au niveau de toutes les Autorités contractantes, chaque Responsable de Cellule de passation des marchés doit être nommé par un acte approprié.

2.3.1.2 Attributions de la Cellule des marchés.

La Cellule des marchés est un maillon important pour le processus conduisant à la conclusion de contrats de marché public, à travers les différentes activités dont elle est chargée. Ces activités découlent des missions que sont :

- l'examen préalable de tout document à soumettre à l'Autorité contractante en matière de marchés publics ;
- l'établissement, en début d'année, d'un plan consolidé de passation des marchés de l'Autorité contractante ; et l'établissement de l'Avis général de passation des marchés et sa publication ;
- l'insertion des avis et autres documents relatifs aux marchés ;
- le secrétariat de la Commission des marchés ;
- l'appui aux services pour la passation de marchés ;
- la réalisation et la tenue de tableaux de bord sur les délais de mise en œuvre des différentes étapes des procédures de passation des marchés et de réalisation des calendriers d'exécution ;
- l'identification des besoins en formation ;
- la liaison avec les missions extérieures, notamment celles de contrôle ou d'audit des marchés ;
- l'établissement de rapports trimestriels à l'intention des autorités compétentes pour transmission à la Direction en charge du Contrôle de la passation des marchés publics et à l'ARMP ;
- l'établissement chaque année d'un rapport annuel sur l'ensemble des marchés publics passés l'année précédente ;
- le classement et l'archivage de tous les documents des marchés passés par les différents services d'une Autorité contractante.

2.3.2 La Commission de passation des marchés publics

La Commission de passation des marchés publics en abrégé (CPMP) constitue avec la Cellule des marchés publics, les deux principaux organes du processus de passation des marchés auprès de l'Autorité contractante.

Des textes fixent les conditions de désignation des membres des Commissions de passation des marchés publics des autorités contractantes.

La Commission de passation des marchés publics assure (au travers de sous-commissions créées selon les spécificités des marchés), l'analyse des offres reçues et attribue les marchés conformément aux procédures prévues.

L'analyse des offres et le processus d'attribution se font selon les procédures prévues en tenant compte aussi des clauses et orientations consignées dans les documents types en vigueur et qui concernent les marchés de travaux, de fournitures ou de services.

2.3.2.1 Composition de la Commission de passation des marchés publics (CPMP).

Le Président et les membres de la Commission de passation des marchés publics sont nommés, pour une durée d'un an, sur proposition de l'Autorité contractante.

Les copies des actes de nomination des membres des Commissions de passation des marchés publics et de leurs suppléants sont communiquées à l'Autorité de Régulation des marchés publics et à la Direction en charge du Contrôle de la passation des marchés publics.

Il est important, chaque année, de renouveler, dans une bonne proportion, les membres des dites commissions de passation des marchés afin d'éviter l'installation de mauvaises habitudes ou d'ententes pouvant nuire à la stricte observance des principes directeurs qui régissent les marchés publics.

Avant le démarrage de leurs activités, les membres de chaque Commission de passation des marchés publics et leurs suppléants doivent signer une déclaration, dans laquelle ils indiquent avoir pris connaissance des dispositions de la Charte de Transparence et d'Éthique en matière de marchés publics ou de la Déclaration d'intégrité.

Les copies de ces déclarations sont à communiquer à l'Autorité de Régulation des marchés publics et à la Direction en charge du Contrôle de la passation des marchés publics.

2.3.2.2 Attributions de la Commission de passation des marchés.

La Commission de passation des marchés publics, mise en place par chaque Autorité contractante, a pour rôle :

- de procéder à l'ouverture publique des plis pour les marchés de travaux, de fournitures, de services physiques et de prestations intellectuelles, quel que soit le mode de mise en concurrence ;
- de désigner, en fin de séance d'ouverture des plis, les membres de la sous-commission ou comité d'analyse et d'évaluation des offres reçues dans le cadre de travaux, de fournitures, de services physiques et de prestations intellectuelles ;
- d'établir les listes de qualification des candidats sur la base des propositions de la sous-commission d'analyse ;
- d'attribuer ou rejeter les marchés et contrats de travaux, fournitures, services et prestations intellectuelles sur la base des rapports des sous-commissions d'analyse ;
- d'examiner les propositions d'avenants aux marchés ou contrats.

2.3.2.3 Fonctionnement de la Commission de passation des marchés publics.

La Commission de passation des marchés publics est astreinte au respect de certaines règles tenant aux obligations de ses membres, aux conditions pour la tenue de réunion et pour les délibérations.

2.3.2.4 Obligations des membres de la Commission de passation des marchés publics.

Les membres de la Commission de passation des marchés publics sont tenus à une obligation de récusation (signaler tout conflit d'intérêts), à une obligation de discrétion et de confidentialité ainsi qu'à une obligation de recourir à des règles écrites (Procès-verbaux de réunion, avis motivés et transcrits sur les Procès-verbaux de réunion).

a. L'obligation de s'abstenir de prendre part à toute délibération en cas de conflit d'intérêts.

Est en conflit d'intérêts tout membre de la Commission de passation des marchés publics qui, personnellement ou par l'intermédiaire de son conjoint, ou de ses ascendants ou descendants, a un intérêt direct ou indirect, notamment en tant que dirigeant. Il en est de même tout est associé ou employé dans une entreprise candidate à un marché examiné par la commission. Le cas échéant, il doit en faire la déclaration, se retirer et s'abstenir de participer à toute opération relative au marché en question.

b. Obligation de confidentialité.

Les membres de la Commission de passation des marchés publics sont tenus au respect de la confidentialité des informations dont ils pourraient prendre connaissance dans l'exercice de leurs fonctions, concernant les marchés et les Candidats.

c. Rôle du Président de la Commission de passation des marchés publics.

Le Président de la Commission de passation des marchés publics est seul habilité à convoquer les membres pour la tenue de réunions.

Le Président de la Commission de passation des marchés publics est la seule personne autorisée à prendre contact avec les Candidats pour obtenir des renseignements complémentaires concernant leurs offres, même si l'initiative est de la sous-commission d'analyse.

Le Président de la Commission de passation des marchés publics doit informer les membres de sa commission de toutes les demandes de clarifications adressées à des Candidats et veiller à ce que le rapport d'analyse fasse clairement ressortir les motifs et résultats de ces demandes.

En d'autres termes, tous les échanges avec les Candidats, doivent émaner du Président de la Commission de passation des marchés publics et se font exclusivement, par écrit, sous la signature de la Personne responsable des marchés publics (PRM) ou son délégataire, en mettant, à contribution le service du courrier de la structure de rattachement. Le Président de la Commission de passation des marchés publics est également responsable du respect de la règle de confidentialité pendant toute la durée de la consultation.

2.3.2.5 Les conditions de la tenue des réunions.

Les convocations pour la tenue d'une réunion de la Commission de passation des marchés publics sont adressées, par le Président de la commission, aux membres, au moins cinq jours avant la date de la réunion.

Pour la tenue de la séance d'ouverture des plis selon certaines dispositions réglementaires le quorum (c'est-à-dire la présence de plus de la moitié des membres) n'est pas requis. Le cas échéant, la présence d'un membre de la Commission de passation des marchés publics et du secrétaire de séance ainsi que celle des Candidats qui exercent, ce faisant, le contrôle social, suffit pour assurer la validité des délibérations.

Par contre, pour les réunions en commission portant sur l'adoption de rapports d'évaluation ou de procès-verbaux d'attribution, le quorum est requis pour la validité des délibérations de la Commission de passation des marchés publics.

Si, le quorum n'est pas atteint, la Commission des marchés est à nouveau convoquée. Au terme de cette seconde convocation, la Commission des marchés se réunit valablement en présence de deux de ses membres, dont au moins un représentant de l'Autorité contractante.

a. Les conditions des délibérations.

Il doit être dressé un procès-verbal de toutes les réunions de la commission, où seront consignées les observations particulières sur le contenu administratif et technique de tous les plis ouverts. Il est également établi un rapport d'évaluation par une sous-commission d'analyse qui, la plupart du temps, est un comité d'experts désignés par la Commission de passation des marchés publics.

La sous-commission d'analyse rend compte à la Commission de passation des marchés publics de toute observation et analyse qui concerne les offres évaluées. La Commission de passation des marchés publics, dont au moins un des membres était partie prenante de l'évaluation, confirme ou infirme les conclusions du comité d'évaluation.

Au cas où la commission est en parfaite convergence de vue avec la sous-commission d'analyse, elle fait siennes les conclusions de cette dernière et adopte le rapport d'évaluation, elle dresse un procès-verbal d'attribution, à l'attention de l'Autorité contractante.

**** ****

CHAPITRE III
BUTS ET PRINCIPES DIRECTEURS DE LA PASSATION DES MARCHÉS

3.1 LES BUTS DE LA PASSATION DES MARCHÉS.

Les ressources pour financer le développement sont rares, aucun pays, n'en dispose de manière illimitée. Ce faisant, il est primordial, pour un État, de déterminer l'importance et les priorités à accorder, aux dépenses publiques en matière de santé, d'éducation, de politique de parité, de défense nationale, de développement local, de transport, de politique étrangère ou toute autre activité gouvernementale.

Les Autorités publiques ont la responsabilité de gérer, les ressources budgétaires collectées à travers les taxes, les impôts directs et indirects et celles obtenues des bailleurs de fonds, dans le cadre de la coopération bilatérale ou multilatérale. Pour cette raison, il existe, à leur disposition, un corpus de textes destinés à réglementer l'acquisition des fournitures et équipements, la réalisation de travaux, l'exécution de services physiques et de prestations intellectuelles dont elles ont besoin, selon des procédures qui garantissent une libre concurrence entre les différents opérateurs économiques.

Les Autorités publiques sont donc, non seulement responsables de la détermination des priorités budgétaires dans le processus décisionnel, mais aussi, de la manière dont se déroulent les opérations pour la satisfaction de leurs besoins. Parmi les activités de l'État, la Commande publique en est le secteur plus sensible et où la réforme doit être continue afin d'adapter la réglementation mise en place à l'évolution de l'environnement économique, politique et social.

Les types d'acquisitions faits par les autorités contractantes sont :

- **les biens** (exemples : fournir et installer des copieurs, des climatiseurs, acquisition de matériel de bureau ou du mobilier de bureau, de véhicules et autres produits) ;
- **les travaux** (exemples : travaux de construction de quais, routes et terminaux, la réhabilitation de bâtiments, la construction d'écoles de lycées, construction de routes) ;
- **les services physiques** (exemples : montage de machineries, la formation à l'utilisation d'un matériel fourni préalablement, le transport d'outillage, la surveillance ou le nettoiement de bâtiments, la photographie aérienne ou la cartographie, etc.) ;
- **les prestations intellectuelles** (exemples : la Revue de dépenses d'un secteur, l'Audit comptable, l'audit des marchés, l'analyse d'un environnement organisationnel, etc.).

De par son caractère transversal dans l'action de l'État, la Commande publique est un élément central dans le dispositif de dépenses des ressources publiques du reste, elle conditionne indirectement le processus national de production. Dans la quasi-totalité des pays, l'État est, de loin, le plus grand acquéreur de biens et services au point que, nombre d'opérateurs privés projettent leurs chiffres d'affaires en fonction des commandes publiques qu'elles convoitent.

La réglementation en matière de marchés publics constitue l'ossature du droit applicable, elle est autant que de besoin complétée par des textes d'application et des Dossiers types. La plupart des réglementations s'appliquent en priorité aux entreprises d'un pays, mais aussi à celles de l'Union économique et monétaire ouest-africaine (UEMOA) avec un tissu économique dont la particularité est la prédominance des petites et moyennes Entreprises (PME) et leur dépendance à la commande publique.

Du fait que, les orientations économiques de cet ensemble de pays s'inscrivent désormais dans le cadre de l'ouverture et du libre-échange, l'Administration est appelée à rendre des services à des usagers et administrés de plus en plus exigeants et informés de leurs droits et obligations.

Dans de nombreux domaines, le rôle et les missions de l'Administration dans ces pays sont très importants et obligent cette dernière à être au niveau demandé. Or le fonctionnement de l'Administration reste handicapé par des procédures administratives, budgétaires et financières encore lourdes. En effet, les relations de l'Administration avec les citoyens et les entreprises souffrent de difficultés multiples notamment, la complexité des circuits et procédures, la difficulté d'accès à l'information et des agissements contraires à l'éthique et à la déontologie.

Le Système des marchés publics est dans ce contexte, la base par laquelle chaque état met en application sa politique de commande publique grâce aux procédures imprimées par un Code des marchés publics et ses dossiers types. La passation, le contrôle et l'exécution des marchés englobent un certain nombre de composantes qui, mises ensemble, constituent le système avec :

- un environnement porteur caractérisé par (un cadre juridique /politique, avec un niveau, de direction suffisamment autonome, des procédures et processus clairs et un engagement et perception publics appréciables) ;
- un environnement organisationnel/opérationnel pour une correcte application des processus, avec des ressources humaines qualifiées.

Le Système des marchés publics garant des textes réglementaires des marchés publics fixe les conditions et les formes de passation des marchés de l'État ainsi que certaines dispositions relatives à leur contrôle et à leur gestion.

Quatre grandes orientations ont présidé à la mise en place des procédures à savoir :

- la transparence dans les choix du cocontractant,
- l'égalité d'accès aux commandes publiques,
- le recours à la concurrence autant que possible et l'efficacité dans la dépense publique.

L'étude analytique des systèmes des marchés publics des différents pays de la sous-région, ainsi que les dispositifs mis en place par les bailleurs a montré qu'ils partagent les mêmes objectifs de pleine satisfaction des besoins de la commande publique selon un cycle bien défini.

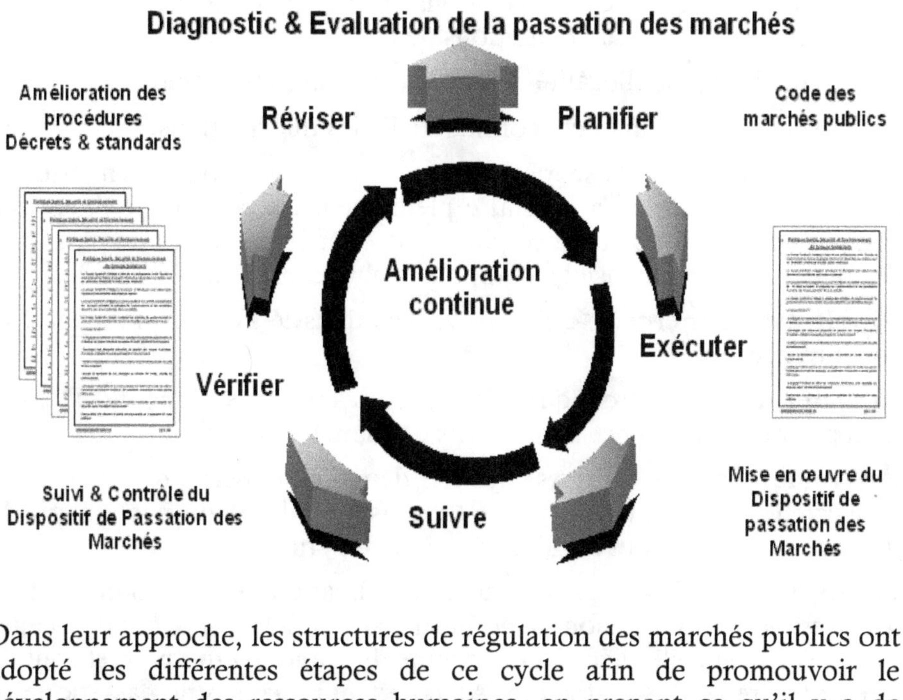

Dans leur approche, les structures de régulation des marchés publics ont adopté les différentes étapes de ce cycle afin de promouvoir le développement des ressources humaines, en prenant ce qu'il y a de pertinent dans la documentation en matière de marchés publics afin d'atteindre les résultats tangibles désirés. Cette vision participative facilite l'adhésion des Autorités contractantes, ce qui contribue efficacement à l'amélioration continue des actions pour une meilleure conduite de la passation et de l'exécution des marchés publics.

3.2 LES PRINCIPES DIRECTEURS.

La passation des marchés repose sur des principes qui ont pour objectif commun la recherche de l'offre apte à satisfaire pleinement les besoins exprimés par une Autorité contractante. Cet objectif de recherche des meilleures offres ou propositions se fait à travers des mesures qui permettent :

- de définir au préalable les besoins à satisfaire ;
- d'assurer la transparence des procédures ;
- d'assurer une concurrence efficace entre les Candidats par un processus ouvert ;
- de garantir l'égalité de traitement à tous les Candidats et assurer l'impartialité dans l'attribution ;
- de respecter les conditions de récusation par les personnes concernées, le cas échéant ;
- de permettre une utilisation parcimonieuse des deniers publics ;
- de respecter les dispositions relatives à la protection des travailleurs et aux conditions de travail ;
- de faire jouer l'égalité de traitement homme/femme ;
- de traiter de manière confidentielle les informations.

Tout se fait sur la base des critères préétablis. Pour permettre de déterminer l'offre apte à satisfaire pleinement les besoins de l'Autorité contractante, comme annoncé plus haut, tout le processus de passation des marchés doit être visible, compréhensible et prévisible.

Visible avec des critères qui sont prévus dans le Dossier d'Appel à la concurrence.

Compréhensible, parce que les critères contenus dans le Dossier d'Appel à la concurrence sont décrits de manière explicite.

Prévisible, car les critères décrits dans le Dossier d'Appel à la concurrence augurent d'un résultat prévisible ; il ne doit pas y avoir de décision arbitraire, tout se fait sur la base des critères préétablis.

La passation des marchés fait du reste obligation de mentionner toutes les conditions d'admission et de participation à la concurrence ; celles liées à l'offre et celles liées à la personne du Candidat qui permettront de retenir l'offre la plus pertinente. Au cours du processus de passation des marchés, la procédure et les autres règles devront rester stables et ne pas être modifiées.

Comme cela a été déjà mentionné, les Codes de marchés publics, les Dossiers types et la plupart des règles des bailleurs font état du respect des conditions de récusation ou de respect de la transparence.

Ce souci de transparence rejoint en partie celui de l'égalité de traitement puisqu'il préconise, qu'il faut faire en somme que les personnes impliquées dans une commande publique ne puissent profiter de leur position pour avantager des Candidats. Pour ce faire, il a été adopté une charte de transparence et d'éthique dont les objectifs sont :

- de garantir la transparence dans l'attribution ;
- de veiller à l'application efficace des procédures par des agents bien formés en passation de marchés publics ;
- d'instituer un contrôle efficient et appliquer des sanctions à l'encontre des agents de l'Administration et/ou opérateurs économiques, auteurs de fautes dans la passation et l'exécution des marchés.

Le respect des dispositions relatives à la protection des travailleurs et aux conditions de travail a pour préoccupation, le respect d'une concurrence saine et efficace. Il permet d'éviter des économies sur les acquis sociaux afin d'offrir des prix plus bas et obtenir ainsi des avantages vis-à-vis de leurs concurrents qui respecteraient leurs obligations sociales.

L'égalité de traitement des tous les Candidats, surtout entre hommes et femmes, qui représente l'objectif d'une autre politique, est à prendre en considération. Il est nécessaire pour les Autorités contractantes de prendre en compte cette préoccupation afin de donner la même chance à toutes les composantes de la population.

Enfin, la confidentialité dans l'exploitation des informations reçues est également liée à une concurrence saine et efficace, puisqu'il vise, essentiellement, les données transmises par les Candidats qui dans certains cas relèvent du secret commercial ou du droit d'auteur, ne doivent pas être diffusées de manière préjudiciable à leur détenteur.

Pour être complet, il convient de mentionner l'instauration de voies de recours pour les Candidats qui s'estimeraient lésés par des décisions prises. En effet, il ne servirait à rien de mettre en place des règles et des principes, devant s'appliquer à la commande publique, si rien ne permettait de s'assurer de leur bonne application par les entités publiques.

Quatre principes directeurs représentent la base philosophique des règles applicables à la passation des marchés publics.

Ces principes constituent le baromètre pour mesurer le degré d'engagement des pouvoirs publics en matière de conduite des procédures de marchés.

La santé d'un « Système des marchés publics » passe par la stricte observance de ces principes directeurs que sont :

- le principe de la transparence ;
- le principe de la non-discrimination ou égalité de traitement ;
- le principe de l'efficacité ;
- le principe de l'économie.

Principes directeurs en passation des marchés

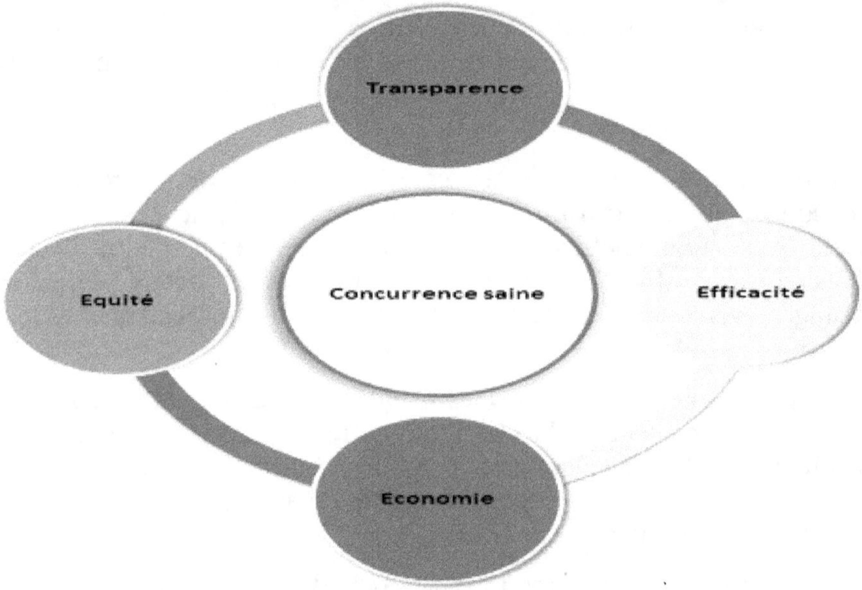

Revisitons le contenu de quatre de ces principes directeurs de la passation des marchés afin de mieux expliciter leur contenu.

3.2.1 Le Principe de la transparence.

On entend, par transparence en matière de marchés publics, l'application équitable et rigoureuse de procédures prévues qui constituent exclusivement la base des décisions d'attribution des marchés. La transparence des procédures suppose :

- un système d'information performant avec la publication régulière et en temps opportun de toute l'information sur les marchés publics, sous réserve des limites légales et réglementaires admises ;
- un bannissement de toute entrave à la compétition et l'abandon des pratiques collusives ou non concurrentielles ;
- une culture de l'intégrité ;
- un droit de recours afin de réparer, éventuellement, les dommages causés à des Candidats.

La conséquence essentielle du principe de transparence est donc, l'obligation de publier tous les avis pour les procédures ouvertes pour qu'un plus grand nombre de Candidats soit susceptible de soumettre une offre. Dans cette optique, l'Autorité contractante informe des différentes étapes de la procédure, du contenu de chacune d'elles, et surtout fournit les indications aux Candidats pour qu'ils puissent présenter une offre valable. En effet, une publicité large permet d'augmenter les alternatives possibles et de s'offrir une plus grande palette de choix.

Pour entretenir une saine concurrence, il importe de veiller à ce qu'aucune entreprise engagée à titre de conseil pour la préparation ou l'exécution d'un marché ni aucune structure qui lui est affiliée, ne puisse ultérieurement être admise à fournir des biens ou des prestations au titre du même marché (en dehors de la continuation des services de conseil précédemment fournis par ladite entreprise).

3.2.2 Le Principe de non-discrimination ou de l'équité.

Le second principe fondamental en passation des marchés publics est celui de la non-discrimination et de l'égalité de traitement des Candidats (y compris l'impartialité). On pourrait être tenté de croire qu'il s'agit d'un seul et même principe, chacun de ces mots, recouvre des aspects légèrement différents.

Du point de vue de l'éligibilité, la non-discrimination vise à garantir que certains Candidats ne soient pas écartés ou exclus de manière arbitraire ou en raison de pratiques qui ne doivent plus avoir cours dans la passation des marchés publics. L'égalité de traitement impose que les conditions d'accès au marché soient les mêmes pour tous les Candidats éligibles.

Du point de vue de la recevabilité, le principe d'égalité de traitement impose que tous les Candidats présentent une preuve certifiant leurs compétences, celui de la non-discrimination impose que ces dernières puissent être justifiées par des documents différents, dont il conviendra de vérifier et d'admettre les équivalences.

Il existe cependant des situations où des exigences respectant l'égalité de traitement peuvent paraître discriminatoires. Par exemple dans le cas où les Candidats ont l'obligation de visiter le lieu de réalisation du marché de travaux. Si tous sont soumis aux mêmes conditions, dans les faits, certains Candidats seront désavantagés, soit parce qu'en raison de la distance, ils ne pourront ou ne voudront pas se déplacer.

L'obligation d'établir une liste de critères objectifs à partir desquels seront évaluées les offres et de la publier ne permet, en fait, que de garantir la non-discrimination et l'égalité de traitement.

Pour une parfaite application du principe de non-discrimination et d'égalité de traitement, l'attribution doit être conduite par des personnes parfaitement impartiales et les offres évaluées, à partir de preuves ou faits objectifs et mesurables.

En matière de passation des marchés, l'équité (non-discrimination et égalité de traitement) est le principe qui conduit à donner à tous les Candidats éligibles, une égale possibilité de concourir, pour l'obtention de marchés de travaux, fournitures, services et prestations intellectuelles.

3.2.3 **Le principe de la concurrence efficace.**

Les acteurs publics impliqués dans la passation des marchés en commençant par les Autorités contractantes, qui doivent acquérir des prestations dont elles ont besoin ; les Cellules des marchés, et Commissions de passation des marchés, la Direction en charge du Contrôle de la passation des marchés publics ainsi que les candidats et titulaires, se doivent de respecter les délais de traitement des dossiers et d'intervention prescrits par la réglementation.

Pour y parvenir, il convient de confier la gestion du système à des agents possédant une expertise avérée dans le domaine des marchés publics et au besoin engager des Consultants extérieurs pour appuyer les Autorités contractantes ; et de veiller au traitement diligent et rapide des dossiers d'appel à la concurrence, d'évaluation des offres, de recommandation d'attribution.

Les Entrepreneurs, fournisseurs et Prestataires de services, titulaires de marchés, devront respecter scrupuleusement les engagements souscrits en matière de planning et d'organisation, pour assurer l'exécution des prestations dans les délais contractuels ; signaler, tout incident ou événement imprévu de nature à provoquer un allongement de délai.

3.2.4 **Le principe de l'économie.**

L'objectif de la passation des marchés publics est de combattre les attributions directes ou non conformes faites, le plus clair du temps à des prix trop élevés. Pour le réaliser, il est fait recours à une concurrence intégrale en supprimant les entraves au commerce et les distorsions du marché, de sorte que les Candidats seront à même d'offrir les meilleures prestations aux meilleurs prix possible. Les Autorités contractantes pourront ainsi obtenir des offres et choisir celle qui présente le rapport, qualité/prix, le plus favorable.

Le principe de l'économie n'implique pas une vision, à court terme, consistant à privilégier l'offre moins chère au détriment de la qualité. L'offre la moins chère au stade de l'attribution, même s'il elle conforme, peut se révéler ne pas être la plus avantageuse à long terme.

La teneur d'une offre dépend la plupart du temps des exigences consignées dans les spécifications techniques et dans les Données particulières de l'Appel d'offres. En effet, les Candidats préparent leurs offres principalement en fonction de ces éléments. Cependant ces indications spécifiques introduites par l'Autorité contractante pour préciser au mieux ses besoins, peuvent être source des risques.

Il convient de noter que les risques courants sont généralement pris en charge dans les clauses du contrat de marché proposé dans le Dossier d'Appel d'offres. Pour chacun des éléments de risques contenus dans les Données particulières de l'Appel d'offres, le Candidat va se couvrir en développant des actions ou stratégies qui se traduisent, du point de vue financier par, le renchérissement de son offre.

Dans un milieu concurrentiel, un Candidat pour élaborer une offre doit tenir compte de multiples facteurs sur lesquels il n'a pas toujours la maîtrise. Dans ce qui suit, il est donné les éléments qui constituent une offre.

Il faut garder à l'esprit qu'une offre est faite non seulement pour satisfaire le besoin de l'Autorité contractante, mais aussi pour assurer en partie la pérennité des actions du titulaire de marché en lui octroyant la possibilité de couvrir ses charges et dégager une marge bénéficiaire.

Derrière une offre de prix, il y a toujours une stratégie pour couvrir au mieux des charges de structures.

La plupart du temps, les prix offerts pour les travaux, ou des équipements nécessitant une maintenance directe par le titulaire ont en « cache » des astuces pour gagner le plus possible sur le marché qui lui est attribué.

3.2.4.1 <u>La teneur d'une offre</u>

La situation idéale pour le Candidat, est de pouvoir partir de ses propres coûts calculer sa marge, constituée elle-même d'une part de risque (aléas) et de bénéfice.

Généralement, une offre financière est faite en tenant compte de plusieurs éléments comprenant entre autres les déboursés, les frais généraux, la marge pour risque et la marge bénéficiaire attendue.

a. <u>Les déboursés.</u>

Les déboursés comprennent tous les coûts supportés par le Candidat du fait des obligations qui lui sont imposées par le Dossier d'Appel d'offres.

Dans les déboursés on retrouve :

- le coût de préparation de l'offre ;
- le coût des services connexes pour des marchés de fournitures ;
- les coûts de mobilisation et de démobilisation du chantier ;
- les coûts des travaux c'est-à-dire toutes les dépenses affectées à l'ouvrage, comprenant le coût de la main-d'œuvre, des matériaux et du matériel ;
- les coûts du personnel participant à l'exécution du marché ;
- les coûts des assurances, impôts, taxes à payer au titre du marché.

b. Les frais généraux.

Le Candidat inclut dans chacune de ses offres ou propositions, une partie des frais généraux auxquels il est astreint. En effet, dans chaque offre ou proposition il incorpore une partie de ses charges locatives, de téléphone, d'administration pour pouvoir les régler au travers des différents marchés qui lui sont attribués.

c. La marge pour risque.

Chaque Candidat fait figurer dans son offre, une marge pour risque destinée à couvrir les frais non chiffrés dans les déboursés, les variations des prix, les variations de quantités des déboursés et les retards de paiements pendant l'exécution.

d. La marge bénéficiaire.

La marge bénéficiaire nette souhaitée par le Candidat. C'est un ratio qui permet de mesurer la rentabilité relative d'une activité. Une forte marge bénéficiaire montre qu'une entreprise est rentable et contrôle mieux ses dépenses que ses concurrents. La marge bénéficiaire est exprimée en pourcentage, une marge de 20 % signifie que le Candidat s'attend à recevoir vingt (20) F CFA pour chaque cent (100) F CFA investi.

3.2.4.2 Principe de l'économie et attribution du marché

Pour l'attribution du marché, dans la terminologie de la plupart des Codes de marchés publics, il est fait état de :

a. « L'offre conforme, évaluée, moins disant ».

Cette déclinaison renvoie à une conformité stricte aux spécifications techniques et autres exigences du Dossier d'Appel d'offres pour après procéder à une évaluation afin de déterminer le moins-disant.

Une telle disposition serait de nature, à ne pouvoir pas profiter des avantages, que procureraient des spécifications présentant des performances supérieures ou les innovations de dernière génération, pour du matériel informatique ou électronique, à moins que cela ne soit précisé dans le cahier des prescriptions techniques.

Exemple :

Les spécifications techniques d'une opération d'achat indiquent des besoins par rapport à une moto 125 CC tout terrain. L'attribution se fera suivant le principe de **l'offre conforme évaluée moins-disant**. Cette déclinaison vise une conformité stricte d'abord.

Dans les offres, un soumissionnaire a proposé une moto « 250 cc tout terrain » avec le prix le plus faible à l'ouverture des plis. L'offre pour la moto 250 cc répond pour l'essentiel aux spécifications demandées et propose une cylindrée supérieure plus performante.

Cependant, on ne saurait, dans ce cas avec le libellé sur l'attribution en tenant compte de la place des mots, retenir celui qui propose la 250 cc, plus performante, puisque sa moto n'est pas conforme aux spécifications techniques (c'est une 250 cc et non une 125 cc).

Par contre si pour l'attribution il était écrit que le marché sera attribué à **« l'offre évaluée conforme et moins-disant »**, il sera possible d'invoquer la notion de substantiellement conforme (la conformité est ici appréciée) pour saisir cette offre alléchante.

Du point de vue de l'utilisation, tout ce qu'une moto 125 cc peut faire la moto 250 cc peut le faire. Du point de vue économique cela aurait été une aubaine, parce que, la « 250 cc » aurait coûté bien plus cher, dans la vie courante.

Cependant, il reste toujours possible de pouvoir saisir une telle opportunité en mettant au niveau des spécifications une moto 125 ccs **au moins.** Le terme « au moins » pourrait permettre de saisir l'offre pour cette moto dont les performances sont supérieures.

b. « L'offre évaluée conforme, moins-disant ».

Il est important de bien voir les implications d'une déclinaison, il faut surtout veiller à la place de certains mots car, une ambivalence dans la formulation de la clause relative à l'attribution-[« *offre conforme évaluée* ») dans certains Codes de marchés ; dans d'autres (« *offre évaluée conforme* »] - peut être source d'interprétations et de difficultés lors de l'attribution des marchés.

Le terme « *offre évaluée conforme et moins-disant* » a plus d'impact, car il laisse une marge d'appréciation pour évoquer la notion de « conformité pour l'essentiel » ou de « substantiellement conforme ».

En plus de cette conformité substantielle qui fait que l'offre est acceptée du point de vue technique, la prise en compte de la qualité technique, évaluée en terme monétaire, peut, le cas échéant, intervenir de façon secondaire dans l'attribution du marché.

c. L'offre mieux-disant

L'offre mieux-disant s'oppose au choix du moins-disant (au sens strict du terme). En effet, la notion d'offre mieux-disant implique que les coûts induits ou d'exploitation peuvent aussi être pris en compte pour contrebalancer le prix intrinsèque de la fourniture ou de la prestation.

Les cas les plus fréquents où s'opère, ce type de choix est celui de l'acquisition de matériels ou équipements dont l'utilisation entraîne des charges de fonctionnement et l'achat de pièces de rechange. Pour ce type d'acquisition, il est souvent procédé à des ajustements en utilisant des critères d'évaluation choisis parmi ceux indiqués à la Section Critères d'évaluation et de qualification au niveau du Dossier type fournitures. Deux genres de critères sont proposés :

- les critères à valoriser et à ajouter à l'offre à des fins de comparaison, comme, la variation par rapport au calendrier de livraison, le coût de remplacement de composants clés, le coût de pièces détachées, ou du service après-vente pour les équipements proposés dans l'offre ;
- les critères à valoriser et à ajouter à l'offre, comme, les coûts de fonctionnement et les coûts d'entretien pendant la durée de vie utile ou la première année d'utilisation.

Le critère relatif aux coûts d'entretien pendant la durée de vie utile des équipements ou dans le cadre d'une maintenance imposée, pour la plupart du temps, est souvent évoqué dans le Dossier d'appel d'offres sans pour autant être correctement pris en compte lors de l'évaluation.

Les concessionnaires de véhicules ou vendeurs de matériels nécessitant une maintenance par eux-mêmes, sur une période, sachant que leurs offres peuvent être jugées négativement en ce qui concerne les coûts de ses pièces de rechange proposent des prix minorés dès lors qu'ils ne sont pris en compte qu'à des fins de comparaison.

Une fois le marché leur est attribué, il est appliqué la vérité des prix de tous les jours. Tout manque à gagner sur les prix proposés lors la mise en concurrence est ainsi rattrapé, avec composantes nécessaires au fonctionnement du matériel vendu notamment dans le cadre de la « maintenance imposée ».

Pour les marchés de véhicules, en effet pendant la première année d'utilisation, les concessionnaires attributaires de marchés imposent que les véhicules qu'ils ont vendus, soient maintenus à leur niveau, faute de quoi, ils ne sauraient avoir la preuve qu'ils ont été utilisés correctement par rapport aux effets de la garantie technique.

Il n'est pas rare dans un marché de véhicules, en ce qui concerne les pièces de rechange, de voir les prix qui avaient été proposés à des fins de comparaison, passer, parfois, du simple au triple dans le cadre de la « maintenance imposée ».

Valorisé sur les cinquante mille (50 000) premiers kilomètres d'utilisation, le coût des pièces qui avait été annoncé pour un total de, un million huit cent mille (1 800 000) F CFA dans une offre de base, passe à la réalité dans le cadre de la « maintenance imposée » à trois millions cinq cents mille (3 500 000) F CFA ou quatre millions (4 000 000) F CFA.

d. L'offre économiquement la plus avantageuse

Dans une procédure d'appel à la concurrence, le prix n'est qu'une composante d'un ensemble de critères qui peuvent être techniques ou qualitatifs. Ces critères doivent permettre de sélectionner une offre, qui répond au mieux à la satisfaction du besoin exprimé par l'Autorité contractante.

La référence, pour établir un choix à travers ces critères, est « le critère du coût global ». Le prix global prend en compte le prix d'achat, mais aussi d'autres paramètres tels que, les pièces de rechange et frais d'entretien, les frais d'exploitation pendant la durée de vie de l'équipement.

Le choix de l'offre, à partir du critère du coût global, s'effectue donc, par application des critères d'attribution définis dans le dossier d'appel à la concurrence qui tiennent compte des aspects liés au fonctionnement, à l'environnement, etc. Ce choix n'est rien d'autre que l'offre évaluée conforme économiquement la plus avantageuse, car elle est celle qui satisfait, au mieux aux critères d'attribution du marché.

**** ***

CHAPITRE IV

CONTRÔLE DES PROCÉDURES ET PROCESSUS DE PASSATION DES MARCHÉS PUBLICS

Le Contrôle des marchés pendant longtemps a été perçu comme : «la vérification du respect de l'application de l'ensemble des instructions, des méthodes et règles, communément appelées procédures, qui sont mises en place pour l'efficacité de la commande publique.

Le contrôle des marchés est une fonction bien plus proche du pilotage que de la vérification comptable. Dans une acception nouvelle, le contrôle va au-delà de la simple vérification, il a une mission bien plus étendue et plus complexe. Il peut être compris comme étant le dispositif mis en place pour une contribution active au pilotage global du Système de passation des marchés, dans une perspective d'amélioration de sa performance.

4.1 DIMENSIONS ET OBJECTIFS DU CONTRÔLE DES MARCHÉS PUBLICS.

Pour une meilleure maîtrise des activités de passation des marchés, il est mis en place des points de contrôle (Direction en charge du Contrôle de la passation des marchés publics et Cellules de passation des marchés publics) qui permettent de détecter, à temps voulu, tout dérapage par rapport aux objectifs de gestion des processus et procédures et d'en limiter les aléas. Ce dispositif sous-tend un but, une volonté sur trois dimensions :

- **une dimension « informative »** : s'informer sur l'application des procédures pour vérifier s'elle correspond aux critères voulus ;
- **une dimension « négative » :** contrecarrer les pratiques non concurrentielles, pour qu'elles ne puissent pas prospérer ;
- **une dimension « positive » :** favoriser, promouvoir l'application bienveillante des Procédures prévues.

Du côté des objectifs poursuivis, le contrôle des marchés est mis en place pour aider à mieux gérer les processus d'acquisition de travaux, de biens et services. Ces objectifs sont classés en trois catégories :

- **des objectifs opérationnels** de réalisation et d'optimisation en termes de performance, de rentabilité et de protection des ressources étatiques contre d'éventuelles pertes ;
- **des objectifs de fiabilité de l'information** par la préparation de dossiers de marchés fiables et la prévention de leur falsification ;
- **des objectifs de conformité** et de respect des principes et procédures définis par un Code des marchés publics, ses textes d'application et les Dossiers types adoptés.

Ces objectifs sont généralement bien déclinés et clairement communiqués à l'organe en charge des marchés et aux cellules des marchés, en leur qualité de points de contrôle devant sonner l'alerte par rapport aux risques liés à la passation et à l'exécution des marchés publics. Ce contrôle s'exerce sous forme d'examen ou de revue a priori ou a posteriori des différentes étapes de la passation des marchés allant de la planification des besoins à l'attribution provisoire du marché.

4.2 REVUE DE LA PASSATION DES MARCHÉS.

4.2.1 Revue a priori par l'organe de contrôle des marchés publics.

Le contrôle a priori des procédures de passation des marchés publics est la plupart du temps exercé par la Direction en charge du Contrôle de la passation des marchés publics. Il repose sur des mesures qui permettent d'évaluer le bon déroulement des processus au regard du respect des principes directeurs de passation des marchés, en tenant compte des critères prédéterminés au niveau des dossiers types, mais aussi des bonnes pratiques en la matière.

4.2.1.1 Les différents niveaux de contrôle.

Les marchés dont le montant estimatif n'atteint pas les seuils de revue a priori sont soumis au contrôle de la Cellule des marchés auprès de chaque Autorité contractante si le Système des marchés en fait référence ou à une revue ultérieure. Pour des systèmes où il existe à la fois des Cellules et une direction des marchés, il est pertinent de soumettre ces mêmes marchés à un contrôle de routine à cette dernière avant la numérotation des contrats. Il est possible de distinguer trois niveaux de contrôle.

a. Premier niveau- Le contrôle a priori.

La Direction en charge du Contrôle de la passation des marchés publics fait un examen préalable sur les dossiers de marchés. Il est délivré un quitus pour la qualité chaque dossier, par l'émission d'un avis de non-objection sur le fonds et sur la forme du dossier avant le lancement de toute procédure de passation de marchés.

1) Le contrôle préalable.

Le contrôle préalable ou de premier niveau qui porte sur plusieurs étapes de la passation des marchés :

- ***1re étape*** : Élaboration d'un PPM sous peine de nullité des marchés subséquents ;
- ***2e étape*** : Publication d'un avis général de passation de marchés avant le 31 janvier de chaque année ;
- ***3e étape*** : examen par les cellules de passation de marchés du dossier à soumettre.

Le dossier de marché soumis à la Direction en charge du Contrôle de la passation des marchés publics est examiné sur le fond, quand il s'agit d'une revue systématique et intégrale des dossiers de marché. Cette revue se fait en conformité avec les bonnes pratiques administratives, les dispositions pertinentes de la réglementation des marchés publics ou des Directives d'un bailleur, mais aussi en tenant compte de la réglementation générale et particulière du Dossier d'appel à la concurrence dont la quintessence est tirée des dossiers types. Plusieurs points de contrôle sont arrêtés d'accord-parties avec les Autorités compétentes sont examinés et ont trait à :

- l'insertion de clauses minimales telles que : l'objet du contrat - les garanties - la durée du contrat - les conditions de paiement - les pénalités - la résiliation - les conditions de nantissement du contrat - le règlement des litiges ;
- la neutralité des spécifications techniques ;
- la non-orientation de critères d'évaluation et/ou de qualification ;
- l'expression de la garantie de soumission en valeur absolue pour un pourcentage maximum autorisée en fonction du montant estimatif du marché et sa durée de validité ;
- le taux exigé pour la Garantie de Bonne Exécution ;
- la retenue de garantie lorsqu'un délai de garantie est prévu ;
- l'exhaustivité des pièces administratives exigées ;
- l'applicabilité des critères prévus dans le Dossier de mise en concurrence ;
- l'utilisation d'un système d'évaluation approprié ;
- le respect de la coïncidence entre la date limite de dépôt des offres et de celle d'ouverture des plis ;
- la conformité des clauses contenues dans les Cahiers des clauses administratives générales (CCAG) et Cahiers des clauses administratives particulières (CCAP) ;
- le respect de l'équilibre entre les parties au contrat.

2) <u>Contrôle spécial sur les procédures dérogatoires.</u>

Un avis est obligatoirement émis sur les procédures dérogatoires notamment les marchés par Entente directe en s'assurant que l'objet de la requête s'inscrit dans les cas limitatifs des Codes de marchés publics ou par les Directives du bailleur et qui concernent l'exclusivité, un marché complémentaire ou une urgence impérieuse.

Ce contrôle spécial porte aussi sur :

- les marchés dits secrets, de défense ou de sécurité nationale ;
- les appels d'offres restreints ;
- les appels d'offres infructueux et sans suite ;
- la passation des conventions de délégations de services publics ou de partenariat public privé.

b. Deuxième niveau- Le contrôle a posteriori.

La Direction en charge du Contrôle de la passation des marchés publics effectue, pour les marchés qui n'ont pas atteint le seuil de revue a priori, avant leur conclusion, un examen du Dossier de mise en concurrence, du rapport d'analyse comparative d'offres ou des propositions ainsi que des procès-verbaux d'attribution provisoire établis par la commission de passation des marchés.

c. Troisième niveau- contrôle juridique et technique.

La Direction en charge du Contrôle de la passation des marchés publics effectue un examen de troisième niveau qui consiste en un examen juridique et technique sur les projets de contrat. L'examen juridique et technique est effectué sur les projets de marchés avant leur approbation ; il est aussi appliqué aux marchés par Entente directe et à ceux présentant un coût exceptionnellement élevé.

En dehors des avis préalables lors de la passation des marchés, la Direction en charge du Contrôle de la passation des marchés publics procède à une revue préalable de dossiers pour la conclusion d'avenants, les appels d'offres dérivés de l'Appel d'offres ouvert. Il en est de même en cas d'urgence motivée, ou pour toute réduction de délai (entre la date de publication de l'Avis d'Appel d'offres et celle du dépôt des offres).

4.2.1.2 Les délais de contrôle.

Pour faire jouer pleinement le principe de l'efficacité, les organes de contrôle doivent être contraints à donner leur avis sur un dossier dans un délai, suite à la saisine par une Autorité contractante. Ces délais impartis à la Direction en charge du Contrôle de la passation des marchés publics doivent concerner :

- l'examen préalable des dossiers d'appel à la concurrence ;
- l'examen du rapport d'analyse et de la proposition d'attribution d'un dossier objet d'une revue préalable ;
- la revue du rapport d'analyse et de la proposition d'attribution d'un dossier qui n'a fait l'objet d'un examen préalable ;
- l'examen juridique et technique.

L'analyse des écarts par rapport à ces critères indique s'il y a lieu d'effectuer des corrections au niveau des opérations de base. Au cas où les prescriptions recommandées sont atteintes, les documents soumis, lors du processus de passation, sont validés à travers des avis de non-objection (ANO).

Un Avis de non-objection signifie que la structure chargée de la vérification d'un dossier qui lui est soumis au cours d'une étape du processus de passation de marchés n'a pas trouvé un ou des arguments qui pourraient invalider ce qui y est exposé.

Les organes de contrôle se fondent sur ce qui leur est présenté pour donner leur avis. Il est donc important d'observer et de faire observer l'application stricte des principes directeurs en passation de marchés.

**** ***

CHAPITRE V

SEUILS DE PASSATION DES MARCHÉS PUBLICS

Le cadre juridique des marchés publics comprend des instruments législatifs et réglementaires à différents niveaux de l'échelon le plus élevé (loi nationale, décret, etc.) en passant par une réglementation détaillée que l'on retrouve dans des documents de référence comme les dossiers types qui expliquent comment mettre en œuvre des procédures concurrentielles pour lesquelles la gestion des risques est proportionnée au montant et à la catégorie de l'acquisition.

Ainsi pour les projets d'acquisition de faibles valeurs comportant des risques moindres, il est souvent prévu des méthodes allégées de passation de marchés. Quand le montant de la dépense envisagée est très faible, il est parfois laissé la possibilité à une Autorité publique d'effectuer ce décaissement, même sans un contrat écrit.

Le recours à l'Entente directe est aussi généralement encadré, il fait l'objet d'une analyse rigoureuse en ce qui concerne les justificatifs fournis.

L'évocation de l'urgence pour conclure un marché par Entente directe ne peut être autorisée que dans des cas exceptionnels ou en raison d'un événement catastrophique conduisant à des cas de force majeure.

Une mauvaise planification créant une situation d'urgence ne saurait donc être invoquée pour solliciter une Entente directe.

Le fractionnement ou "saucissonnage" ou encore "micronisation" pour contourner les règles de la concurrence est aussi à interdire.

5.1 SEUILS ET MODES DE PASSATION DE MARCHÉS.

Les acquisitions faites par l'État sont souvent réparties en trois grandes catégories que sont : les travaux ; les fournitures et services physiques, les prestations intellectuelles ou marchés de consultants.

Les acquisitions effectuées dans l'une de ces catégories suivant un mode de passation choisie par une Autorité contractante conformément aux dispositions réglementaires en matière de marchés publics, sont, par nature, payées au moyen de fonds publics.

Ces fonds publics sont gérés suivant des règles qui visent à garantir la parfaite application du binôme « transparence-économie » et permettent, la vérification des conditions d'utilisation desdits fonds. Plus, la dépense est importante, plus les règles de contrôle sont renforcées.

Chaque Autorité contractante se doit pour tout marché d'opérer un choix pour une **« Procédure prévue au Code des marchés »** ou « **PPCM** ». Une « PPCM » est un ensemble de règles et de méthodes à respecter pour à la conclusion d'un contrat de marché.

5.1.1 Présentation des seuils.

Le choix de la procédure se fait en fonction d'un seuil prédéfini qui tient compte du montant du marché envisagé et de la nature de l'acquisition. En passation de marchés, un seuil est, un niveau de ressources financières, exprimé en chiffres, qui constitue une limite pour déclencher une des « Procédures prévues au Code des marchés ».

5.1.1.1 Les seuils successifs pour différents types de procédures.

Des seuils sont définis pour déclencher différentes procédures.

Une procédure très simplifiée, pour les dépenses de très petits montants que l'Autorité contractante peut les effectuer en « bon père de famille » sans un contrat écrit.

Une procédure restreinte simplifiée pour les dépenses de petits montants en sollicitant au moins cinq offres pour nécessairement en comparer trois, aux fins d'identifier un contractant. La conclusion et l'approbation du contrat se faisant sous le contrôle exclusif de l'Autorité contractante.

Une procédure ouverte simplifiée pour les dépenses de moyens montants.

La conclusion et l'approbation de ces trois types de contrats se faisant sous le contrôle exclusif de l'Autorité contractante.

Une procédure complète d'appel public à la concurrence, pour les grosses dépenses, déclenchant les mécanismes de contrôle a priori. Quel que soit le montant du marché, une Autorité contractante a toujours la possibilité de choisir entre une procédure ouverte ou celle dite restreinte. La procédure ouverte consiste à laisser à tout Candidat éligible la possibilité de déposer une offre. La procédure restreinte consiste à ne laisser qu'aux Candidats sélectionnés par l'Autorité contractante la possibilité de déposer une offre.

5.1.1.2 Quand doit-on appliquer les dispositions d'un Code de marchés publics ?

Afin de déterminer si une acquisition de fournitures, de prestation de services ou de réalisation de travaux relève des dispositions d'un Code des marchés publics, il convient de répondre à trois questions :

- l'Autorité contractante, ou un organisme sous tutelle est-il bénéficiaire de l'acquisition envisagée ?
- cette acquisition correspond-elle à des critères retenus par la réglementation des marchés publics ?
- l'acquisition envisagée entre-t-elle dans le cadre des exceptions définies par la réglementation des marchés publics ?

Si la réponse aux deux premières questions est affirmative, et si la réponse à la troisième question est négative, le contrat en cause est bel et bien un marché public et les dispositions réglementaires s'appliquent dès le premier franc CFA dépensé.

Le respect des principes fondamentaux de la passation des marchés s'impose même dans le cas où le montant du contrat est inférieur au seuil des « Procédures prévues au Code des marchés » ou « PPCM ». Cependant sous certaines conditions, sans appliquer le Code des marchés publics, les autorités contractantes peuvent acquérir les produits pétroliers dénommés « carburant super », essence ordinaire et gasoil destinés uniquement à l'usage des véhicules administratifs.

Une autre possibilité, sans mise en concurrence préalable est souvent offerte pour acquérir, des titres de transport aérien, terrestre et maritime pour les besoins des missions de leurs agents ou pour assurer l'hébergement et la restauration des participants, dans les établissements hôteliers ou dans les structures ayant une telle vocation, à l'occasion de l'organisation de sommets officiels, de séminaires, etc.

**** ***

$

DEUXIÈME PARTIE
PLANIFICATION DES MARCHÉS

**** ***

CHAPITRE I

RESSOURCES FINANCIÈRES ET PASSATION DES MARCHÉS

1.1 L'OBJET DES MARCHÉS PUBLICS.

L'objet des marchés est de satisfaire des besoins d'une Autorité contractante en travaux, fournitures, prestations de services courants ou en prestations intellectuelles.

Au-delà de la satisfaction de besoins, les marchés publics ont également pour objet d'écarter des contraintes au développement et participer activement à la gestion de l'environnement et à la conservation des ressources naturelles.

1.1.1 Les différents types de marchés publics.

Les marchés publics de travaux sont les contrats conclus avec des Entrepreneurs et qui ont pour objet la réalisation d'un ouvrage ou des travaux de génie civil répondant à des besoins spécifiés par une Autorité contractante qui en exerce la maîtrise d'ouvrage.

Lorsqu'un marché public porte sur des travaux et des fournitures ou des services, il est un marché de travaux si son objet principal est de réaliser des travaux

Les marchés publics de fournitures sont les marchés conclus avec des Fournisseurs, ils ont pour objet l'achat de produits ou matériels. Lorsqu'un marché public porte sur des travaux et des fournitures ou des services, il est un marché de fournitures si son objet principal est de réaliser des fournitures.

Les marchés publics de services physiques sont les marchés conclus avec des prestataires de services qui ont pour objet la réalisation d'une prestation de services quantifiables. Lorsqu'un marché public a pour objet des services et des fournitures, il est un marché de services, si la valeur de ceux-ci dépasse celle des fournitures et vice versa.

Les marchés publics de prestations intellectuelles sont les marchés conclus avec des Consultants et ont pour objet la réalisation de services qui comportent des obligations spécifiques liées à la notion de propriété intellectuelle, ou pour lesquelles il est fait appel à la réflexion ou à l'intelligence humaine donc caractérisée par l'immatérialité.

Le prestataire de services intellectuels a une obligation de moyens, il s'engage à employer les moyens appropriés qui permettront à l'Autorité contractante d'atteindre, peut-être, le résultat qu'elle souhaite, rien n'est garanti par le « Prestataire de services intellectuels » ou le Consultant.

1.1.2 Les besoins des autorités contractantes

Par « besoins » de l'Autorité contractante, on entend, non seulement, les besoins liés à son fonctionnement propre, mais également les besoins liés à son activité d'intérêt général et qui la conduisent à s'attacher des prestations de tiers. Ces besoins concernent :

- **des "travaux"** de construction, reconstruction, démolition, réparation ou rénovation de bâtiment, préparation du chantier, travaux de terrassement, l'installation d'équipements, la décoration et la finition ;
- **des fournitures"** de biens mobiliers, de matières premières, d'équipements et des objets sous une forme solide, liquide (fluides des hôpitaux) ou gazeuse ;
- **des prestations de services physiques courants** comprennent une grande variété de prestations, telles que les services d'entretien, de gardiennage et d'escorte, de cartographie aérienne, etc.
- **des « prestations intellectuelles »** comprennent une grande variété de prestations comme les études diagnostiques, la revue de dépenses publiques, la réingénierie et l'optimisation de processus, la formation, mise en place de systèmes d'information, la réingénierie et l'optimisation de processus, l'audit, etc.

1.2 FINANCEMENT DES INVESTISSEMENTS DE L'ÉTAT.

Pour satisfaire leurs besoins, les Autorités contractantes ont recours au budget de l'État ou à des ressources extérieures sollicitées et obtenues de bailleurs de fonds. Le budget de l'État correspond à l'ensemble de ses ressources et de ses dépenses.

L'essentiel des ressources budgétaires provient des impôts et des taxes payées par les citoyens et les entreprises. Les dépenses correspondent à l'argent que l'État utilise pour financer l'action publique dans l'agriculture, la santé, l'éducation, la sécurité des personnes et des biens, etc.

Ces dépenses comprennent des dépenses de personnel, de fonctionnement, d'investissement ainsi que le remboursement des intérêts de la dette publique.

Les dépenses de fonctionnement servent à la bonne marche des services publics (dépenses courantes de personnel et d'entretien, eau, électricité, téléphone, etc.) ;

Les dépenses de transfert en nature, principalement la fourniture de services publics comme l'hospitalisation ou l'enseignement à titre gratuit (ex. : subventions aux entreprises, pensions de retraite, allocations familiales, minima sociaux...) ;

Les dépenses d'investissement, qui visent à renouveler ou à accroître le capital public (ex : achats de matériels et de mobiliers, construction de bâtiments et d'infrastructures). Ce sont ces dépenses d'investissement qui sont le plus pourvoyeurs de marchés publics.

A ces dépenses d'investissement faites à partir du Budget consolidé d'investissement (BCI) s'ajoutent les acquisitions avec l'appui des bailleurs de fonds dans la cadre de projets de développement pouvant apporter une contribution significative au développement économique et social du pays.

1.2.1 Les différents modes de financement.

Un financement est l'opération par laquelle l'État, de manière directe ou indirecte, met à la disposition des services de l'Administration et des organismes rattachés les ressources monétaires nécessaires à la réalisation de dépenses publiques.

1.2.1.1 Le "financement direct".

On entend par financement direct les ressources mises à disposition à partir du budget de l'État et qui proviennent des taxes et autres redevances collectées.

a. La mise à disposition des crédits.

L'exécution budgétaire commence une fois la loi de finances promulguée et publiée au Journal officiel. Il convient alors de mettre les crédits à la disposition des administrateurs de crédits, qui doivent suivre des règles précises pour les dépenser.

Le Parlement donne au Gouvernement une autorisation budgétaire qui s'apparente à une faculté, et non à une obligation, de dépenser les ressources collecter par l'État. Dans ce cadre, le Ministère chargé des Finances met à la disposition de ses collègues, ordonnateurs principaux, les crédits qu'ils pourront dépenser par le biais de décrets de répartition.

Les ministres peuvent ensuite déléguer leur pouvoir d'ordonnancer les dépenses à de hauts fonctionnaires de leur département ministériel, qui sont les ordonnateurs secondaires.

La répartition des crédits doit respecter l'autorisation parlementaire. Le Gouvernement peut toutefois, y apporter des modifications soumises au Parlement, a posteriori, avec des procédures réglementaires.

Pour changer la répartition des crédits, il est possible d'utiliser la technique des transferts (changer l'unité de spécialité sans toucher à la nature de la dépense) ou des virements (changer l'unité de spécialité et la nature de la dépense).

b. Le circuit de la dépense.

Dès qu'il dispose de crédits et du pouvoir de les dépenser, l'administrateur de crédits souvent assimilé à la Personne responsable des marchés publics peut alors engager les dépenses sous la supervision du contrôleur financier. L'engagement se déroule en deux étapes :

- une étape juridique consacrée par l'acte par lequel l'agent public crée ou constate une obligation de laquelle résultera une charge ;
- une étape comptable, ou l'ordonnateur réserve des crédits, en s'assurant de la spécialité de la dépense envisagée (qui doit correspondre au type de crédits) et de la disponibilité des crédits (s'il en reste suffisamment).

Après l'engagement, l'ordonnateur doit liquider la dépense, c'est-à-dire vérifier qu'elle est certaine et donc que la prestation a été réalisée (attestation du service fait), puis calculer le montant dû par l'Administration. Liquidée, la dépense peut être payée. L'administrateur de crédits procède alors à l'ordonnancement, acte par lequel il ordonne au comptable de payer.

Avant de décaisser les fonds, celui-ci vérifie la régularité de l'ordre et des pièces justificatives de la dépense, il s'assure de la disponibilité des crédits au regard de la responsabilité qui pèse sur lui. Toutefois, il peut être obligé de payer en cas de réquisition, ce qui le libère alors de toute responsabilité.

1.2.1.2 L'appui budgétaire.

L'appui budgétaire est une modalité de mise en œuvre de financements extérieurs. Il consiste à appuyer la stratégie de croissance en apportant des ressources supplémentaires au budget national à travers des transferts de fonds sur le compte du trésor, ces fonds sont fongibles. L'appui budgétaire est géré dans les mêmes conditions que le financement direct.

Un appui budgétaire peut être **général** et vise à appuyer la politique globale de développement et de réduction de la pauvreté ; il peut être **sectoriel** et s'intéresse de manière plus approfondie à des activités d'un secteur bien identifié dans l'économie.

1.2.1.3 Les "financements conjoints".

On entend par financement conjoint les ressources mises en commun par un ou plusieurs financiers, en utilisant les mêmes règles (Code des marchés publics ou procédures d'un bailleur) en matière d'acquisition de travaux, de biens et de prestations physiques ou de prestations intellectuelles.

1.2.1.4 Les "financements parallèles".

On entend par financement parallèle l'ensemble des ressources financières octroyées par un ou plusieurs financiers, en vue de participer à la réalisation d'un projet, chacun des bailleurs utilisant ses propres règles pour l'acquisition de biens, de travaux, de prestations physiques ou prestations intellectuelles.

★★★★ ★★★

CHAPITRE II
DÉTERMINATION DES BESOINS PAR L'AUTORITÉ CONTRACTANTE

L'une des exigences fondamentales en matière de marchés publics est la définition des besoins de l'Autorité contractante, avant le lancement de toute procédure. Cette détermination des besoins est l'étape la plus importante du processus d'acquisition, car elle influe sur la réussite de toutes les autres phases.

La définition des besoins peut être qualifiée comme l'identification suivant une démarche précise, mesurable et prospective des prestations à acquérir par une Autorité contractante en toute connaissance du marché, des acteurs économiques et de leurs offres potentielles.

Pour circonscrire ses besoins, l'Autorité contractante peut effectuer des consultations ou réaliser des études de marché, solliciter des avis ou informer les opérateurs économiques de son projet et de ses exigences.

Ces études et échanges préalables peuvent être utilisés, à condition qu'ils n'aient pas pour effet de fausser la concurrence et n'entraînent pas une violation des principes de liberté d'accès à la commande publique, d'égalité de traitement des candidats et de transparence dans les procédures. Une définition précise des besoins a donc trait :

- à la qualité des prestations (ce qu'il faut et le service attendu) ;
- au contexte dans lequel ces prestations doivent pouvoir être assurées (délais, lieu(x) d'exécution et/ou de livraison, contraintes organisationnelles) ;
- aux quantités souhaitées et à une bonne compréhension des services associés (livraison, installation, maintenance).

Pour être efficace, une expression de besoins doit faire appel à quatre considérations principales :

- une analyse fonctionnelle des besoins sur la base, par exemple, d'états de consommation ;
- la connaissance des marchés fournisseurs grâce à leur documentation technique ;
- la distinction, y compris au sein d'une même catégorie de biens ou d'équipements, entre achats standards et achats spécifiques ;
- et enfin, lorsqu'elle est possible, l'adoption d'une démarche en coût global prenant en compte le prix à l'achat, les coûts de fonctionnement et de maintenance et le développement durable.

2.1 TECHNIQUES DE DÉTERMINATION DES BESOINS

Les besoins de l'Autorité contractante sont ceux qui avaient été présentés au Parlement pour son fonctionnement propre, mais également ceux liés à son activité d'intérêt général en direction des populations pour des travaux, fournitures, des prestations de services physiques et intellectuelles ».

2.1.1 Recueillir le maximum de données.

Pour avoir une idée, de la teneur de ses besoins de l'Autorité contractante peut recueillir des informations sur le niveau de satisfaction ou les desiderata des usagers. Elle peut pour ses besoins en équipements et fournitures courantes, faire des projections à partir de l'état des consommations constatées au niveau des structures sous sa tutelle pour les exercices précédents, en tenant compte des évolutions pour les exercices futurs.

Il est également important d'avoir des données sur les fournisseurs potentiels, en se rapprochant d'autres services, ou en s'informant à partir de revues spécialisées en ce qui concerne les évolutions techniques et les technologies de dernière génération.

2.1.1.1 Préciser les besoins en recourant à des spécifications techniques ou à des critères de performance.

L'esquisser des spécifications techniques qui décrivent les caractéristiques d'un produit, d'un ouvrage ou d'un service et qui permettent de définir les exigences indispensables, notamment en termes de performances à atteindre. Ceci est possible en se référant à des normes ou autres ; en exprimant les spécifications techniques sous forme d'exigence fonctionnelle ou de performance.

2.1.1.2 Connaissance du secteur concurrentiel.

La détermination du niveau de concurrence est une étape de la définition des besoins permettant d'apprécier les réponses commerciales envisageables. Il est parfois important de connaître le nombre d'entreprises ou de fournisseurs présents dans le secteur.

2.1.1.3 Quelle période prendre en compte ?

La période à prendre en compte varie en fonction de la catégorie de l'acquisition : pour les fournitures, les services physiques et les travaux d'entretien courants : la période budgétaire (généralement l'année) ou une période spécifique prédéfinie pour faire exécuter les prestations ; pour les travaux : la durée de réalisation de l'opération et pour les prestations intellectuelles la durée pour recueillir les informations, les analyser et déposer les livrables.

2.1.1.4 Comment traiter les prestations récurrentes ?

Pour les prestations récurrentes, c'est-à-dire celles qui se reproduisent dans des conditions similaires au cours d'une année, les besoins sont à apprécier sur l'année budgétaire et à passer en un seul marché.

2.1.1.5 Que faire quand l'étendue des besoins est incertaine ?

Il peut arriver que l'Autorité contractante ait des difficultés à déterminer son besoin. Il existe à sa disposition des solutions pour résoudre les problèmes liés à une éventuelle incertitude sur l'étendue de ses besoins par l'utilisation des marchés à commande, de marchés de clientèle, de marchés à tranches ou des Accords-cadres.

a. Les marchés à livraisons étalées.

Si une Autorité contractante n'est pas en mesure, au stade de la passation, de définir avec exactitude ses besoins (quantité, fréquence de mise à sa disposition, nature) ; elle peut avoir recours à des procédures spécifiques en deux temps, distinguant une phase de présélection des fournisseurs, de celle d'attribution des marchés.

La valeur estimée des marchés est égale à la valeur de l'ensemble des fournitures ou des services correspondant aux besoins estimés pour une année, ou pour la durée du marché, si cette durée est supérieure à un an ou est renouvelable. Ces marchés sont passés, en fonction de leurs caractéristiques, selon des Procédures de marchés publics prévues. Dans cette catégorie, il faut distinguer :

- **le marché à commandes, un** contrat par lequel l'Autorité contractante couvre ses besoins courants de fournitures dont il n'est pas possible, en début d'année, de prévoir l'importance exacte ou qui excèdent ses possibilités de stockage. Il s'agit d'un marché conclu avec un ou plusieurs opérateurs économiques et exécuté au fur et à mesure de l'émission des commandes.

  L'Autorité contractante recourt à ce type de marché lorsqu'il a défini son besoin, mais ne sait pas mesurer la quantité nécessaire et/ou définir le moment des commandes. Cette formule est surtout utilisée pour des achats répétitifs et standardisés particulièrement les commandes de fournitures.

- **l'Accord-cadre** : Il a pour objet de sélectionner un ou des opérateurs économiques à qui il est possible de confier, au fur et à mesure des besoins exprimés, des marchés subséquents relevant de l'objet préalablement défini.

- **le marché à tranches** : Il s'agit d'un marché conclu avec une tranche ferme et plusieurs tranches conditionnelles. La procédure s'apprécie en additionnant l'ensemble des tranches.

2.1.1.6 Comment gérer les imprévus ?

L'estimation des besoins se fait en fonction de ce que l'on peut consommer ou réaliser au cours de l'année. La prévision doit être sincère. Un imprévu est toujours possible ; seulement en cas de survenance, il doit être traité "à part", comme un besoin spécifique.

Attention : une imprévision n'est pas un imprévu ! Par imprévu en passation des marchés, il faut entendre tout événement non prévisible dû à un phénomène inconnu au moment de l'estimation des besoins. Une mauvaise évaluation des besoins, un changement de cap voulu par l'Autorité contractante ne sont pas des imprévus.

Les besoins résultant d'une telle situation doivent donc être mis en perspective avec les besoins déjà définis. Il faudra donc ajouter ces besoins « nouveaux » aux « anciens » et appliquer la procédure requise au besoin total. Sont considérés comme des manquements à la définition des besoins ; la sous-estimation des quantités d'un marché ; le renvoi de certains besoins à un dispositif ultérieur.

Une bonne détermination des besoins et, par suite, leur définition très précise par des spécifications techniques ou termes de références ne sont pas uniquement une exigence juridique, elles sont, d'abord, une condition impérative, pour qu'une acquisition puisse être faite dans les meilleures conditions possible.

2.2 DÉFINITION DES BESOINS ET MODE DE DÉVOLUTION

Des travaux ou fournitures peuvent soit être répartis en lots donnant lieu chacun à un marché distinct, soit faire l'objet d'un marché unique. C'est ce que l'on appelle le mode de dévolution. L'Autorité contractante choisit entre ces deux modalités, le marché unique (ou à l'entreprise générale) et le marché passé en lots séparés, au cas par cas, en fonction des avantages économiques, financiers ou techniques qu'elles procurent. Il n'existe pas une règle unique.

Les marchés passés à l'entreprise unique (ou à l'entreprise générale) et les marchés passés en lots séparés présentent selon les différentes catégories de marchés, des avantages et des inconvénients. Il est passé un marché en un lot unique quand il y a une certaine homogénéité à respecter. Les marchés sont passés en lots séparés : quand chaque lot peut faire l'objet d'un marché spécifique avec une mise en concurrence, une attribution et une exécution spécifique.

Les marchés sont en lots séparés et indivisibles lorsque la dévolution en lots séparés risque de rendre incompatibles les différentes composantes d'une prestation ou rendre l'opération plus coûteuse. Chaque fois que c'est possible, pour une évaluation correcte des besoins en vue d'une exécution efficace et une participation effective des PME, il faut recourir à l'allotissement des futurs marchés.

2.2.1 Quel est le nombre adéquat de lots ?

L'allotissement est la division d'un marché en plusieurs « lots » correspondants chacun à une prestation distincte. Chaque lot pouvant constituer un marché séparé à attribuer à une entreprise. L'Autorité contractante reste libre de fixer le nombre de lots pour un marché.

La complexité de l'évaluation d'une pré qualification et/ou d'un Appel d'offres et la gestion des marchés qui en découlent s'accroît avec le nombre de lots.

Un trop grand nombre de petits lots peut favoriser la participation des PME, mais aussi décourager celles d'entreprises plus importantes pour qui il est peut-être plus efficace de soumettre une offre par rapport à l'ensemble de ces petits lots. Le nombre idéal de lots dans un appel à la concurrence tourne aux alentours de quatre.

2.2.2 Intérêt à recourir à l'allotissement.

Le choix entre un marché unique et un marché passé en lots séparés doit se faire, au cas par cas en fonction des intérêts économiques, financiers ou de la capacité technique de chaque Autorité contractante.

L'allotissement est particulièrement approprié lorsque l'importance des travaux, fournitures ou services à réaliser risque de dépasser les capacités techniques ou financières d'une seule entreprise. Avec une telle opération, chaque lot d'importance moindre peut être exécuté par une petite et moyenne entreprise « PME ».

L'importance de l'allotissement réside donc dans la nécessité d'ouvrir la concurrence en permettant à plus d'entreprises de participer. Cette ouverture permet à des petites et moyennes entreprises qui ne sont pas techniquement ou financièrement bien assises de participer à des appels d'offres.

La plupart des Codes de marchés publics contiennent des règles qui garantissent à différents degrés l'accès des PME aux marchés. Il est généralement fait recours à des formes de mise en commun ou associations de capacités de travail, ou d'externalisation partielle dans les cas où une seule entreprise ne peut tenir des délais d'exécution extrêmement courts.

Certaines sont actionnées ou mises en œuvre par les entreprises elles-mêmes comme le regroupement, la cotraitance et d'autres imposées comme la sous-traitance.

Pour la promotion des petites et moyennes entreprises qui sont souvent confrontées à la présentation de références relatives à l'exécution de précédents marchés d'une certaine nature, il est possible de ne leur demander que leur Numéro d'identification nationale des Entreprises et Administration (NINEA).

Leur capacité à pouvoir exécuter correctement des marchés, en sous-traitance ou cotraitance étant appréciée ou prise en compte sous la responsabilité respective de l'Entreprise principale ou l'Entreprise-chef de file. C'est un moyen de simplification, dans le sens où cela réduit considérablement le nombre de documents à fournir, à chaque soumission, ce dont la plupart des PME se plaignent, quant à leur coût et les charges en temps de travail et en personnel.

L'Autorité contractante peut ne pas recourir à un allotissement quand sa mise en œuvre présente un certain nombre d'inconvénients. L'allotissement ne saurait, par ailleurs, être utilisé pour « subdiviser » ou émietter un marché en vue d'échapper aux contraintes des procédures.

2.2.3 Inconvénients de l'allotissement.

La réalisation de lots portant sur un ouvrage unique par des entreprises différentes conduit, souvent, à des difficultés, lors de l'exécution, du fait du chevauchement de certaines activités et responsabilités en cas de défaut éventuel ultérieur constaté.

Il est préférable de conclure un marché unique lorsque l'Autorité contractante n'a pas la capacité technique de coordonner les actions des titulaires des différents lots.

Dans certains cas, comme la construction d'une route, au lieu de diviser le projet en lots « **horizontaux** » composés de travaux radicalement différents tels que travaux de terrassement, aqueducs, ponts, fondations et revêtement, il est plus pertinent de diviser la construction de cette route en lots « **verticaux** » correspondant à des tronçons complets et autonomes comportant l'intégration des travaux de natures différentes (que sont ces travaux de terrassement, de réalisation d'aqueducs, de ponts, de fondations et de revêtement) au niveau de chaque lot).

2.3 ESTIMATION DU COUT DES BESOINS.

2.3.1 Analyse détaillée des coûts des besoins.

La détermination des coûts des besoins est indépendante du nombre d'opérateurs économiques ou du nombre de marchés à passer ; elle n'est donc fonction que de l'évaluation sincère et raisonnable des besoins. Elle est notamment nécessaire, pour le calcul des crédits requis ou pour déterminer si les seuils qui déclenchent l'application d'une procédure de passation des marchés ou les seuils de contrôle a priori sont atteints.

Analyser les besoins fonctionnels des services en adoptant, autant que faire se peut, une démarche en coût global, prenant en compte non seulement le prix à l'achat, mais aussi les coûts des charges connexes.

L'estimation du coût du marché peut être faite soit sur la base du coût d'achat, du coût de production ou du coût de revient :

Coût d'achat = prix d'achat net + frais d'achat
Coût de production = coût d'achat + frais de production

Ou bien

Coût de revient = coût d'achat+ frais de services connexes
Coût de revient = coût de production + frais services connexes

Pour l'estimation financière préliminaire des besoins, dans une étude de prix il convient d'affecter un coefficient de vente qui va couvrir les frais généraux, les frais spécifiques et la marge du futur bénéficiaire en fonction du prix de revient calculé dans le sous-détail des prix. Les règles et les bonnes pratiques établissent :

Le taux de marge sur prix de revient est aux environs de 23% **Le taux de marque sur prix d'achat est aux environs de 30%.**

La marge de 23% est ajoutée au coût d'achat en plus des services connexes ou au coût de production plus services connexes afin de déterminer la valeur estimée du bien à acquérir.

Si l'on tient compte du coût de fabrication ou du coût d'achat ; les 30% sont à ajouter pour déterminer la valeur estimée suivant les quantités à acquérir. La valeur ainsi obtenue intègre la marge du bénéficiaire.

Les valeurs estimées des marchés comportant des lots, ou avec un accord-cadre, ou des marchés à commandes tout comme les marchés à tranches doivent prendre en compte la valeur de la totalité des lots, des marchés subséquents, des commandes ultérieures ou des tranches.

Cette étape de l'estimation des coûts est fondamentale, au moins sur deux points, car elle conditionne la procédure à mettre en œuvre de sorte que l'acquisition soit réalisée dans les meilleures conditions possible en fonction de sa spécificité, en tenant compte des éléments qui entrent dans une opération de travaux, un ensemble homogène de fournitures.

Examinons ce que renferment les notions d'opération de travaux ou d'ensemble homogène de fournitures en ayant comme point de mire qu'aucun marché ne doit être scindé, dans le but d'échapper ou de contourner une procédure.

2.3.2 Estimation des coûts d'une opération de travaux.

Une opération de travaux est la valeur globale des travaux se rapportant à une même opération caractérisée par son unité fonctionnelle, technique ou économique, à mettre en œuvre dans une période de temps et un périmètre limités, que celle-ci comporte un ou plusieurs ouvrages. Il peut s'agir de travaux de nature différente si ceux-ci sont réalisés sur un même ouvrage et au même moment.

Exemple : Réhabilitation d'un bâtiment ou ensemble de bâtiments dans un même périmètre.

Plusieurs chantiers comportant des travaux de même type et qui concernent des ouvrages différents constituent une même opération du fait du lien fonctionnel (même variété de travaux) s'ils s'inscrivent dans le cadre d'un même projet.

Exemple : la réfection des toitures des écoles d'une même commune ou la réalisation de trottoirs dans différents quartiers de la ville, car il en résulte une unité fonctionnelle.

2.3.2.1 Estimation des coûts d'un ensemble homogène de fournitures/ services.

Les fournitures et services sont estimés par ensemble homogène. Un ensemble homogène de fournitures ou de services est la valeur totale des fournitures ou des services qui peuvent être considérés comme homogènes soit en raison de leurs caractéristiques propres, soit parce qu'ils constituent une unité fonctionnelle.

Exemple : Une fourniture de gasoil à une centrale électrique peut répondre à deux utilisations fonctionnelles différentes - faire fonctionner les machines de production d'électricité ; - faire fonctionner les véhicules de services et autres moyens de transport.

2.4 DÉTERMINATION DE LA PROCÉDURE DE MARCHÉ

L'analyse de la prévision à travers l'expression sincère des besoins du point de vue de leurs caractéristiques ainsi que de leur montant estimatif va permettre de déterminer la procédure à suivre. Une fois le montant du marché déterminé, l'Autorité contractante peut choisir la procédure à laquelle elle aura recours.

L'Autorité contractante doit pour cela se référer aux seuils définis par un Code des marchés publics pour dérouler une des Procédures prévues à savoir, les procédures simplifiées pour les marchés de faibles montants et les procédures des appels d'offres pour les montants plus importants.

Les PPCM sont des procédures par lesquelles l'Autorité contractante choisit son cocontractant sans négociation, sur la base de critères objectifs préalablement portés à la connaissance des Candidats.

L'Appel d'offres ouvert étant la procédure dont on doit recourir par défaut parce qu'il fait appliquer tous les principes directeurs de la passation de marchés dont l'application est appréciée à travers :

- la publication d'un avis public d'appel d'offres dans un journal à large tirage pour informer au mieux les candidats potentiels ;
- l'observation d'un délai impératif de 30 jours au moins pour recevoir des candidatures et des offres ;
- des critères de sélection des offres portés à la connaissance des Candidats ;
- l'établissement de critères non discriminatoires et liés à l'objet du marché, notamment, la qualité, le prix, la valeur technique, les performances en matière de protection de l'environnement, etc. ;
- une analyse efficiente menée par l'organe spécifique au sein de l'Autorité contractante qui traite des candidatures et élimine, celles qui ne sont pas adéquates, puis établit la proposition d'attribution du marché (la Commission de passation des marchés publics).

**** ***

CHAPITRE III

PROCESSUS DE PLANIFICATION DES MARCHÉS.

La planification de la passation des marchés consiste à définir le chronogramme de chacune des étapes de la passation des différents marchés de fournitures, travaux, services physiques ou de prestations intellectuelles en tenant compte de la charge de travail de chacun des services ou directions concernés et des contraintes d'ordre réglementaire, logistique ou politique.

La planification des procédures de passation des marchés se fait généralement de manière annuelle et repose sur la valorisation et l'anticipation des besoins regroupés au sein de programmes stratégiques d'acquisition. De manière spécifique, elle vise à donner une visibilité sur les investissements envisagés par une Autorité contractante à court ou moyen terme en fonction, d'une part, des ressources disponibles, et d'autre part, des besoins à satisfaire.

3.1 BUDGÉTISATION ET PLANIFICATION DES MARCHÉS

La programmation budgétaire ou l'élaboration des programmes de travail et du budget annuel (PTBA) est un excellent outil d'aide à la planification des marchés.

Cette pratique a pour soubassement la collecte de toutes demandes d'achats émanant des directions, des services techniques, des structures rattachées et leurs démembrements ainsi que celles des programmes et projets sous tutelle. Elle permet à une Autorité contractante de bénéficier des économies d'échelle que pourraient engendrer des acquisitions groupées.

Très apparentée à la planification opérationnelle, la planification des marchés concerne les diverses étapes mises en œuvre pour atteindre les objectifs d'acquisition initiés par une Autorité contractante sur une période déterminée.

La planification des marchés est essentielle pour tirer le meilleur parti des relations avec les fournisseurs. Elle énonce des lignes directrices qui sont à suivre pour satisfaire les besoins en observant procédures et obligations.

La démarche de planification du processus de passation des marchés doit être impulsée afin d'éviter les achats en réaction.

Les procédures et délais que nécessite la passation des marchés publics doivent être anticipés pour éviter les situations d'urgence ou les dérives systématiques de planning.

Avant tout appel à la concurrence, consultation, chaque Autorité contractante est tenue de déterminer l'étendue des besoins à satisfaire, de distinguer les travaux, des fournitures et services.

3.1.1 Programmation budgétaire et circonscription des besoins

C'est par une série de questions-réponses que l'on obtient des informations essentielles sur les besoins de l'Autorité contracte quant à leur nature, volume, dates butoirs de mise à disposition, etc. Il revient au service de l'Administration générale et de l'équipement, de poser ces questions lors de l'élaboration du budget annuel de l'Autorité contractante.

Ces questions par rapport à chaque acquisition ou prestation à réaliser sont relatives à la fonction, l'utilisation, le coût, le lieu d'exécution de la prestation. Les réponses à ces questions sont, pour la plupart du temps, détenues par les opérationnels des différents services techniques. Avancer suivant des interrogations peut permettre de ne pas être imprécis lors de la fixation du besoin.

3.1.2 Identification des besoins et planification des marchés

L'identification correcte des besoins requiert que soit posée une série de questions. Mais quelles sont les bonnes questions ? Les bonnes questions sont souvent les plus simples, elles sont réunies à travers la méthode "**QQOQCCP**" :

- **Q**uoi ? (prestations et actions à entreprendre) ;
- **Q**ui ? (est concerné, acteur et responsable) ;
- **O**ù ? (lieu de livraison ou d'exécution- distance- ou les différentes étapes) ;
- **Q**uand ? (moment, planning, durée, fréquence) ;
- **C**ombien ? (quantités nécessaires, services connexes)
- **C**omment ? (modalités, procédures…) ;
- **P**ourquoi **?** (réaliser telle action, respecter telle procédure.)

Les réponses aux questions suivantes peuvent permettre souvent d'établir un diagnostic efficace et de déterminer au mieux un besoin :

- quel est le périmètre exact de la prestation (du point de vue quantité, niveau de qualité et délai de réalisation retenir ?
- l'impact environnemental et social de la prestation ;
- ce projet d'acquisition est-il réellement nécessaire ?
- quelle est la fréquence d'utilisation de la prestation ?
- quel est le lieu d'utilisation ou de réalisation de la prestation ?
- quelle est la période d'utilisation de la prestation ?
- combien va coûter chaque élément du projet d'acquisition ?
- combien l'acquisition ou la prestation va coûter au total, quel est l'impact de l'acquisition en termes de coût global ?

L'étape du questionnement est importante. Si elle n'est pas bien menée, ces questions ressurgiront par la suite et pourront soit retarder le projet d'acquisition soit entraîner des surcoûts.

Plusieurs arguments militent à l'établissement de ces questionnaires pour une meilleure exécution des activités envisagées et par voie de conséquence, une aide au bon déroulement des marchés.

En tant qu'interface entre la structure qui envisage d'acquérir des biens services ou travaux et ses fournisseurs, « la fonction achats » menée par, le spécialiste en passation de marchés des projets ou le service de l'Administration générale et de l'Equipement et autres., apportent leurs connaissances des fournisseurs et les potentialités d'innovation recherchées dans le cadre des acquisitions envisagées.

La définition des besoins est à orienter et à adapter aux opportunités qui se présentent à l'Autorité contractante par rapport à sa « stratégie d'achats ».

L'Autorité contractante se doit, dans la phase d'expression de son besoin, prendre en compte les aspects politiques, économiques, sociaux, technologiques, légaux et environnementaux (c'est-à-dire les aspects PESTLE pour emprunter ce vocable aux nouvelles procédures d'acquisition de la Banque mondiale) tout en mettant en avant les pratiques de concurrence loyale en :

- favorisant la concurrence par la pluralité des réponses et l'émergence d'offres alternatives ;
- permettant à tous les Candidats éligibles de répondre sans discrimination de statut ou de positionnement ;
- valorisant l'offre qui satisfait aux prescriptions ou spécifications techniques avec le prix le moins onéreux après évaluation, et dont le soumissionnaire répond aux critères de qualification préalablement établis dans le dossier de mise en concurrence.

La meilleure manière de prendre en compte ces préoccupations c'est de recourir, autant que faire se peut, aux procédures ouvertes.

L'Autorité contractante doit aussi, tenir compte, lors de la détermination de ses besoins, du contexte local, de l'appartenance à l'UEMOA, de l'impact sur l'emploi afin de :

- permettre aux entreprises locales et communautaires notamment aux PME de se positionner (allotissement, groupement des fournisseurs, sous-traitance) ;
- associer les acteurs et les experts du secteur d'activité concerné ;
- mutualiser, chaque fois que c'est possible, les besoins communs dans l'objectif de bénéficier des économies.

Lors de l'identification des besoins, le focus est, souvent mis sur le prix d'acquisition, alors que, la prise en compte d'autres considérations permet, de meilleurs résultats, en termes de gains. L'approche la plus efficace est de s'interroger, en amont, sur la meilleure réponse à apporter à chaque besoin.

Exemple : Pour répondre aux besoins d'impression de documents, au niveau d'une structure est-il plus pertinent d'acheter des imprimantes individuelles ou commander un copieur de bonne capacité et le mettre en réseau ?

Si l'effet volume est souvent recherché pour obtenir des économies d'échelle (action classique de mutualisation, si possible, pour obtenir des conditions tarifaires plus attractives), d'autres actions plus pertinentes peuvent être envisagées grâce à l'approche autour du besoin.

Circonscrire un besoin c'est identifier les finalités et les objectifs du projet d'acquisition envisagé. Le périmètre de l'acquisition est à fixer en fonction des ressources financières au regard des disponibilités budgétaires après avoir obtenu la réponse à certaines questions :

- le pourquoi de cette acquisition ?
- combien du point de vue quantité ?
- quand est-ce qu'on en a besoin ?
- quel marché faut-il viser ?
- comment il faut acheter ?
- avec quels opérateurs économiques ?

Le temps passé et les moyens alloués à la circonscription et à la formalisation du besoin sont déterminants pour la qualité de l'acquisition ; ils conditionnent la conclusion de marchés bien ficelés. L'établissement des besoins suit plusieurs étapes fondamentales.

3.2 ADOPTION D'UNE STRATÉGIE DE PLANIFICATION.

La méthode « PDCA » constitue sans nul doute la meilleure pour asseoir une stratégie de planification des processus de passation des marchés. Il s'agit d'une méthode qui comporte quatre étapes, chacune entraînant l'autre, et vise à établir un cercle vertueux dans la planification des processus de passation des marchés. Sa mise en place aide à améliorer sans cesse la qualité de la planification des marchés.

Le sigle PDCA peut être défini par :

- **P** pour la **Planification** ;
- **D** pour le **Développement** ;
- **C** pour le **Contrôle** ;
- **A** pour l'**Ajustement**.

Le principe est de dérouler les 4 phases (Planification-Développement-Contrôle-Ajustement) et de concentrer ses efforts sur une phase dans les délais impartis tant que le niveau attendu pour cette phase n'est pas atteint.

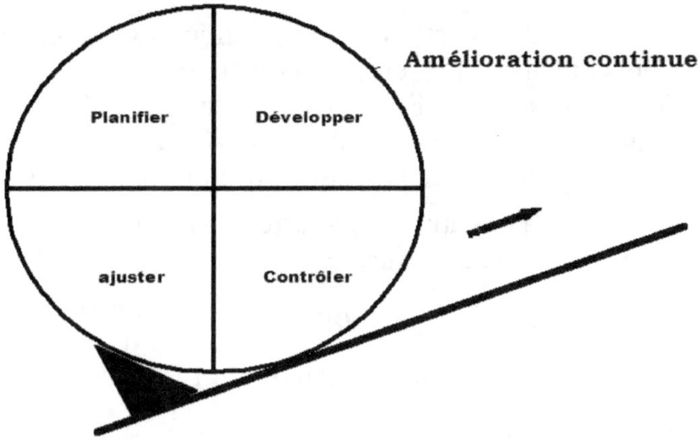

La première étape du cycle « Planifier » consiste à préparer et organiser ce que l'on va réaliser.

La seconde étape du cycle est le développement des activités prévues.

La troisième étape consiste à contrôler que les ressources mises en œuvre dans l'étape précédente et les résultats obtenus correspondent bien, du point de vue du temps, à ce qui a été prévu à la première étape du cycle (planifier).

Enfin, la dernière étape du cycle consiste à analyser les écarts, rechercher des points d'amélioration et les appliquer pour des activités ultérieures similaires. Si les retards sont dus à des lenteurs, l'on examinera les points d'amélioration.

Par contre des délais incompressibles conduiront à une nouvelle planification et pour en tirer ce qu'il y a de mieux, il doit être mis en place des mécanismes, contre la dégénérescence du processus, symbolisé dans le graphique ci-dessus par la cale sous le cercle.

3.2.1 Le processus de planification des marchés

La planification des marchés est un processus de réflexion collective et de négociation entre les différentes structures d'une Autorité contractante afin de formaliser les actions à entreprendre, fixer les échéances et déterminer les résultats attendus. Elle constitue un instrument de prise de décision, mais aussi de mise en œuvre de la stratégie de programmation, de déroulement des opérations, de vérification et supervision des activés menées pour pouvoir procéder à des rectifications pour plus d'efficience dans les actions futures.

Cette prise de décision peut se faire dans le sens « top Down » (« haut bas »), du directoire de la structure vers les unités opérationnelles pour définition d'un objectif global ; puis dans le sens « bottom-up » (de « bas en haut ») pour la formulation des objectifs secondaires et de la stratégie à mettre en œuvre pour satisfaire pleinement l'objectif principal.

L'élaboration d'une bonne stratégie de planification de la passation des marchés et de son suivi est essentielle pour une réussite des acquisitions d'une autorité contractante. Pour la planification de la passation et de l'exécution des marchés, la méthode PDCA nous semble la plus adaptée, car elle va au-delà de la simple programmation des activités.

La méthode PDCA constitue la parfaite illustration des objectifs d'un système des marchés publics efficace.

P :	Planification des prestations (élaboration PPM) ;
D :	Développement (mise en œuvre du PPM) ;
C :	Contrôle (revue des marchés exécutés) ;
A :	Ajuster, (améliorer, changer ou parfaire les actions menées grâce aux recommandations issues des audits).

La première étape dans la passation des marchés « Planifier » consiste à préparer et organiser les différents projets d'acquisition, définir les coûts des prestations envisagées, élaborer le Plan de passation des marchés (déterminer les dates de début et fin).

La seconde étape dans la passation des marchés est le déroulement des processus de passation des marchés suivants les différentes Procédures prévues au Code des marchés publics et Dossiers types.

La troisième étape dans la passation des marchés consiste à contrôler que les ressources mises en œuvre dans l'étape précédente et les résultats obtenus correspondent bien à ce qui a été prévu à la première étape du cycle. Cela peut se faire au moment des contrôles de routine ou de supervision et lors des missions d'audit. C'est pour cela qu'il est pertinent d'ajouter au PPM une ligne "réalisation" pour chaque marché programmé.

Enfin, la dernière étape dans la passation des marchés consiste à analyser les écarts, rechercher des points d'amélioration et les appliquer pour des activités similaires.

L'Autorité de Régulation des marchés publics (ARMP), à la suite des constats issus des audits, révise chaque que de besoins, des dispositions des textes réglementaires en matière de marchés publics aux fins d'améliorer les textes d'application et autres documents de procédures.

3.2.1.1 Mise en œuvre de la méthode de planification.

Le travail préliminaire pour rappel avait été fait lors des concertations pour l'établissement du Programme de travail et du budget annuel (PTBA). Ces rencontres sous forme d'ateliers constituent des moments privilégiés pour fixer la nature des besoins et les prestations attendues ; redresser ou rééquilibrer les coûts des besoins ; définir les dates souhaitées pour la disponibilité des travaux, des fournitures et des services ; fixer les procédures à appliquer ainsi que toute autre information pertinente en rapport avec la passation des marchés.

a. Confirmation des besoins par les bénéficiaires.

Dans un souci de mieux asseoir le Plan de passation des marchés, la structure en charge des acquisitions en relation avec les directions et services techniques ou les différentes composantes du « projet » sous la tutelle de l'Autorité contractante procèdent au cours de la réunion d'élaboration de leur budget à la confirmation des besoins.

b. Détermination des coûts de l'acquisition

Il est nécessaire pour chaque marché outre les prévisions de dépenses pour les travaux, fournitures et services d'ajouter les dépenses connexes. Il doit y avoir harmonie entre le niveau de service attendu et l'enveloppe budgétaire, car la valeur estimée influe directement sur le choix de la méthode de passation à adopter ou sur le niveau de revue.

c. Choix de la procédure à dérouler

Le choix de la procédure doit être fait en tenant compte des sources de financement. Il faudra alors pour chaque source identifier les montants, les contraintes et leur compatibilité avec les procédures nationales en s'imprégnant des dispositions contenues dans les accords de financement ; car les dispositions internationales ratifiées prennent le pas sur la réglementation nationale.

Une fois, toutes considérations prises en compte, projeter les activités de passation des marchés ainsi qu'il suit :

- les marchés sur financement de l'État par les procédures prévues au Code des marchés publics ;
- les marchés sur financement exclusif d'un bailleur, les Directives ou procédures dudit bailleur ;
- les marchés sur financement conjoint suivant les procédures retenues d'accord parties (les seules procédures d'un des bailleurs) ;
- les marchés sur financements parallèles suivant les procédures de chaque bailleur pour la partie qu'il finance.

3.2.1.2 <u>Détermination du temps nécessaire pour les processus de passation et d'exécution des marchés.</u>

Les processus sont conçus en fonction de délais découlant des activités corrélées que sont :

a. **<u>les activités administratives qui sont marquées par :</u>**

- une phase explicative et conceptuelle ;
- l'élaboration et la publication du Plan de passation des marchés ;
- l'élaboration et la publication de l'Avis général de passation des marchés (AGPM) ;
- la préparation des dossiers d'appel à la concurrence ;
- l'avis des organes de contrôle sur les Dossiers d'appel à la concurrence (si requis) ;
- le lancement des avis spécifiques d'appels d'offres ;
- la mise à disposition des Dossiers d'appel à la concurrence ;
- l'ouverture, l'évaluation et l'attribution des marchés ;
- l'approbation de l'évaluation et la proposition d'attribution ;
- l'avis des organes de contrôle sur l'attribution (si requis) ;
- la publication de l'attribution provisoire ;
- la signature du contrat ;
- l'établissement des titres de paiement ;
- l'approbation et l'immatriculation des contrats ;
- la notification du contrat immatriculé ;
- la réception de la garantie de bonne exécution.

b. **<u>les activités de fabrication ou de prospection du marché.</u>**

- le temps nécessaire à la fabrication de certains équipements ou pour trouver les biens offerts si le soumissionnaire n'est pas fabricant ;

c. **<u>les délais de livraison des biens et équipements.</u>**

- l'emballage, le fret des marchandises ;
- le déchargement, la livraison sur site et l'emmagasinage ;

d. **<u>les délais d'installation des équipements.</u>**

- l'installation et les prétests ;
- la réception des biens et des équipements ;

e. **<u>les délais pour la réalisation des travaux.</u>**

- la réception provisoire de l'ouvrage,
- la réception définitive de l'ouvrage.

TABLEAU DE RECAPITULATIF DES DELAIS ADMINISTRATIFS EN MATIERE DE MARCHES PUBLICS (PHASE PASSATION)
Délais en jours calendaires

Etapes des procédures	Lancement-Ouverture-Analyse			Publication	Souscription- Approbation -Immatriculation			Notification Attribution définitive	
	Lancement à ouverture		Ouverture & analyse	Publication attribution provisoire	Souscription	Approbation	Immatriculation	Notification	Publication avis attribution définitive
Types	Normal	Urgence							
TRAVAUX FOURNITURES & SEVICES PHYSIQUES									
DRP ouverte	15	7		10	ND	ND	3	ND	A publier
DRP restreinte	ND	ND	ND	ND	ND	ND	3		15
DRP simple	ND	ND	ND	ND	ND	ND			
Appel d'offre ouvert avec ou sans pré qualification	ND	ND	ND	ND	ND	ND		ND	A publier
Procédure nationale	30	10.	15	10	15	3	3		15
Procédure internationale	45	15	15	10	15	3	3		15
Appel d'offres en deux étapes									
Procédure nationale	45	15							
Procédure internationale	60	20	15	10	15	ND	3	ND	15
Appel d'offres restreint		plis i<à 3				ND	3	ND	15
Procédure nationale	15	15	15	10	15	ND	3	ND	15
Procédure internationale	30	ND	15	10	15	ND	3	ND	15
PRESTATIONS INTELLECTUELLES									
Procédure nationale	30		15	10	15	ND	3	ND	15
Procédure internationale	45		15	10	15	ND	3	ND	15

CHEMIN CRITIQUE D'UN APPEL D'OFFRES EN FONCTION DES DATES CLES

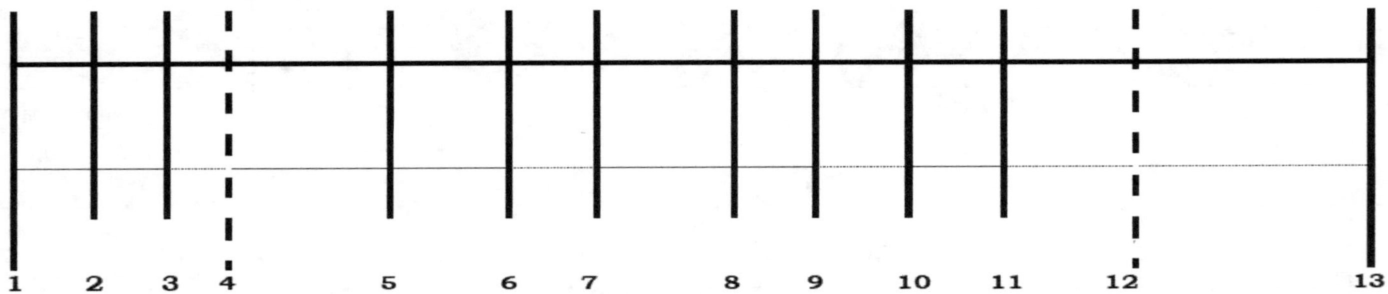

Total : 28 Semaines

LEGENDE

1. Préparation document appel à la concurrence (**une semaine**) ;
2. Avis DCMP sur DAO ; (**une semaine**) ;
3. Publicité AAO ; (**4 semaines**) ;
4. Réception offres, ouverture des plis, élaboration du rapport d'évaluation (**2 semaines**) ;
5. Avis DCMP sur l'attribution ; (**une semaine**) ;
6. Publication de l'attribution provisoire (**10 jours**) ;
7. Signature contrat par titulaire et Autorité contractante (Etablissement existence de crédit et mise en ordre des documents contractuels) (**une semaine**) ;
8. Approbation du contrat (**une semaine**) ;
9. Immatriculation du marché par DCMP (**une semaine**) ;
10. Publication de l'attribution définitive ;
11. Notification du contrat au titulaire (voir fiche DCMP) ;
12. Restitution garanties de soumission aux candidats non retenus ;
13. Réception Livraison des fournitures ou exécution des travaux, réalisation de la mission pour les pi ;
    (douze semaines à 28 semaines parfois plus).

ETAPES DU PROCESSUS DE PASSATION DES MARCHES PUBLICS

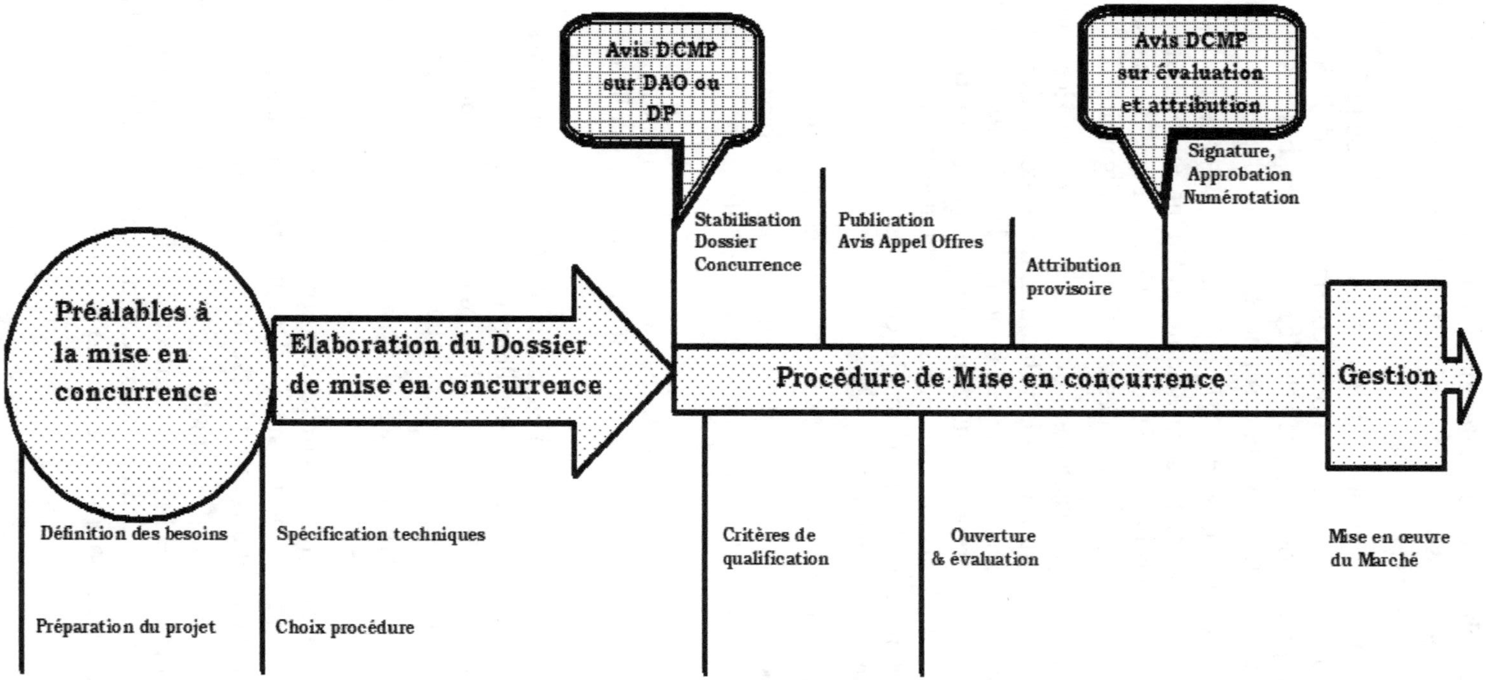

3.3 ÉLABORATION PLAN DE PASSATION DES MARCHÉS.

Les activités de préparation de la planification des marchés aident à atteindre les objectifs des différents projets d'acquisition et optimiser l'utilisation des ressources budgétaires allouées en appliquant une approche basée sur les risques.

La réalisation des objectifs pour une acquisition dépend largement des travaux en amont. Chaque Autorité contractante se doit de consolider, pendant la préparation de son budget, tous les besoins en matière d'acquisition de biens, travaux et services.

Pour se faire au cours de la préparation budgétaire, les services compétents de l'Autorité contractante évaluent le montant total des marchés qui seront passés, et établissent un Plan de passation des marchés. Le Plan de passation des marchés est obligatoire.

Dans un Plan de passation des marchés outre les projections concernant : l'élaboration et à la validation des spécifications techniques et/ou termes de références ; l'élaboration et la validation des Dossiers d'Appel à la Concurrence ; l'ouverture des plis et l'évaluation des offres, il est important de fournir des éléments pour justifier les méthodes de sélection retenues et les niveaux de coût des prestations. Le Plan de passation des marchés sert à :

- aider les organes d'exécution à allouer les ressources,
- estimer la charge de travail et tenir les parties prenantes informées des opportunités d'affaires offertes, afin de promouvoir la concurrence ;
- exécuter les processus de passation des marchés, en harmonie avec les besoins de chaque structure sous la tutelle de l'Autorité contractante ;
- permettre à la Direction en charge du Contrôle de la passation des marchés publics et au Bailleur de superviser la passation des marchés financés sur les ressources étatiques, les prêts ou dons, de manière organisée et systématique ;
- suivre la progression des activités relatives à la passation et à l'exécution des marchés.

Le Plan de passation des marchés est pour la plupart du temps préparé pour une période de douze mois. Il peut être actualisé par l'Autorité contractante, chaque fois que de besoin.

Le Plan de passation des marchés doit aussi constituer un tableau de bord d'évaluation de l'avancement et du suivi de la performance en matière de passation et d'exécution des marchés. Le Plan de passation des marchés est élaboré suivant un modèle type.

Plusieurs des modèles de Plan de passation des marchés proposés, pour être pertinents, gagneraient à ajouter, pour chaque marché spécifique, une ligne « réalisé » pour pouvoir se faire une idée sur le degré de maîtrise des opérations de passation et donc de la performance de chaque Autorité contractante par rapport à la conduite des processus de passation et d'exécution des marchés.

Les Autorités contractantes se doivent de communiquer les plans de passation originels et révisés à la Direction en charge du Contrôle des marchés publics pour une publication sur le portail dédié aux marchés publics.

3.3.1 Traduction d'un besoin en marchés

Un besoin ne donne pas nécessairement naissance à un seul et unique marché. A partir d'un besoin exprimé, il est possible de tirer une multitude de marchés. A titre d'exemple, nous allons nous intéresser aux marchés possibles (non exhaustif) à partir du besoin exprimé par le Ministère de l'Enseignement supérieur du pays « AFROUSS » de construire une école publique de formation d'ingénieurs automobile.

<table>
<tr><th colspan="5">MARCHÉS POSSIBLES POUR UN PROJET DE CONSTRUCTION D'UNE ECOLE PUBLIQUE DE FORMATION D'INGÉNIEURS AUTOMOBILES</th></tr>
<tr><th>N°</th><th colspan="2">Désignation</th><th>Modes passation</th><th>Types de marchés</th></tr>
<tr><td>1</td><td colspan="2">Études conceptuelles</td><td>AO sur concours</td><td>Consultant</td></tr>
<tr><td>2</td><td colspan="2">ÉTUDES TECHNIQUES APD</td><td>SBQC</td><td>Consultant</td></tr>
<tr><td>3</td><td colspan="2">ACCÈS AU SITE/ PRÉPARATION</td><td>AOR</td><td>Travaux</td></tr>
<tr><td rowspan="7">4</td><td rowspan="7">Bâtiments</td><td>Gros œuvre</td><td rowspan="7">AOO</td><td rowspan="7">Travaux
(plusieurs lots)
ou
(entreprise générale)</td></tr>
<tr><td>Plomberie</td></tr>
<tr><td>Menuiserie</td></tr>
<tr><td>Electricité</td></tr>
<tr><td>Terrains sport</td></tr>
<tr><td>Espaces verts</td></tr>
<tr><td>Voirie</td></tr>
<tr><td>5</td><td colspan="2">TERRASSEMENT</td><td>AOO</td><td>Travaux</td></tr>
<tr><td>6</td><td colspan="2">EQUIPEMENTS BUREAUTIQUES</td><td>AOO</td><td>Fournitures</td></tr>
<tr><td>7</td><td colspan="2">ÉQUIPEMENTS AUDIO DES SALLES DE JEUX</td><td>AOO</td><td>Fournitures</td></tr>
<tr><td>8</td><td colspan="2">MOBILIER DE BUREAU DE</td><td>AOO</td><td>Fournitures</td></tr>
<tr><td>9</td><td colspan="2">ÉQUIPEMENTS-DORTOIRS ET DE RESTAURATION</td><td>AOO</td><td>Fournitures</td></tr>
<tr><td>10</td><td colspan="2">MATÉRIEL DE FORMATION ATELIERS ET LABORATOIRES</td><td>AOO</td><td>Fournitures</td></tr>
<tr><td>11</td><td colspan="2">FOURNITURES DE BUREAU ET DE FORMATION</td><td>DRPO</td><td>Fournitures</td></tr>
<tr><td>12</td><td colspan="2">2 VÉHICULES DE LIAISON</td><td>AOO</td><td>Fournitures</td></tr>
</table>

Pour une bonne élaboration du chronogramme des marchés à passer, il est impérieux de décider de la décomposition des acquisitions à faire.

Pour ce besoin ou ce projet de construction d'une école publique de formation d'ingénieurs en construction automobile, une série de questions permettra de circonscrire ce qu'il faut pour qu'elle soit fonctionnelle.

Cette recherche de la fonctionnalité à une date donnée va être le fil conducteur de la fixation du besoin, mais va aider aussi à trouver, la voie la meilleure, pour sa réalisation de l'infrastructure.

3.3.2 Ebauche du plan de passation des marchés.

Pour chacun des marchés identifiés après concertation avec les hommes de l'art, les bénéficiaires finaux ou usagers il est établi un point de départ, pour déclencher les actions à mener pour satisfaire le besoin exprimé, notamment, la préparation des éléments techniques indispensables au montage du Dossier d'appel à la concurrence.

La planification des marchés issus du besoin consiste à découper chaque marché en tâches unitaires, pouvant dépendre les unes des autres, et à les ordonnancer de façon à obtenir un planning de réalisation. Pour ce faire, il y a un nombre de questions que l'on doit se poser au niveau de l'équipe du projet ou des opérationnels de l'Autorité contractante.

Acquérir quoi ? Après la clarification des besoins, il faudra regrouper les éléments similaires ou complémentaires en fonction de leur nature, valeur, taille.

Etant donné que l'intérêt du Candidat croît avec la valeur du marché, il est souhaitable de regrouper en un seul marché les fournitures ou travaux qui présentent des similarités d'ordre technique ou procéder à des allotissements.

Acquérir comment ? Suivant les différents modes de passation de marchés (méthodes simplifiées, par Appel d'offres ouvert ou ses variantes.) en tenant compte des contraintes de cofinancement).

Acquérir quand ? Pour chaque marché et chaque étape de la procédure.

Qui va acquérir ? Il importe d'identifier clairement la Personne habilitée à passer les marchés.

Les réponses à ces questionnements permettent d'établir un chronogramme de la passation des marchés en tenant compte : des délais de préparation, les évaluations des dossiers, compte tenu de la collaboration avec les services techniques dépendant d'autres administrations ou d'hommes de l'art, mais aussi des délais pour les avis et approbation par les Autorités compétentes.

3.3.3 Les données du plan de passation des marchés.

Le Plan de passation doit porter à minima sur les 12 mois à venir. Il est mis à jour en tant que de besoin et a minima annuellement. Il précise pour chaque marché : le nom du marché, son montant prévisionnel, la catégorie de marché, le type de mise en concurrence, la procédure de passation de marchés, le type de contrôles exigés.

Le lancement de la procédure, la réception des offres, l'ouverture des plis et l'évaluation des offres, l'attribution du marché, la signature du marché, son approbation, sa notification au titulaire, en sont les étapes intermédiaires de la passation des marchés.

La phase finale de chaque procédure est sanctionnée par la réception des biens, des travaux ou des services qui sont l'objet du marché. Pour se faire, il est important d'identifier les travaux, fournitures et services devant concourir à la satisfaction des besoins et les classer de manière homogène selon leur importance, procéder au phasage des différentes étapes.

3.3.3.1 Description des marchés à passer sur la période du plan

Le plan doit distinguer les travaux, les fournitures, les services physiques et les prestations intellectuelles ou de consultants et donner une brève description de chaque activité.

Une brève description se définit comme une définition suffisante pour être reconnue comme une activité de passation de marchés sans pour autant atteindre une précision ou un niveau de détail qui en ferait plutôt une spécification technique.

Le contenu doit être bref, mais suffisamment explicite.

Exemples :

1) Achat de motos (est insuffisant comme description) ;

2) Achat de motos 125 cc, tout terrain (est suffisant et adéquat) ;

3) Achat de motos 125 cc, tout terrain avec fourche hélicoïdal et réservoir de 35 litres serait trop précis au stade de planification.

Il s'agit d'un descriptif sommaire mais suffisamment fidèle pour donner une indication assez précise sur la nature de l'acquisition ou de la prestation.

Il n'est point besoin à ce stade de donner des indications quant au nombre ou à la destination finale, cependant les éléments par rapport au coût estimé sont nécessaires.

3.3.3.2 Inscription thématique des marchés à passer

L'inscription thématique des marchés se fait à partir des différentes catégories de marchés à passer au cours de l'année.

a. Premier niveau :

Pour un bon système d'inscription thématique, la bonne pratique attribue généralement une lettre à chaque catégorie de marché.

Exemple :

T pour tout marché de travaux pour tout mode de passation ;

F pour tout marché de fournitures ;

P pour tout marché de prestations physiques ;

C pour tout marché de prestations intellectuelles.

b. Deuxième niveau :

Pour le deuxième niveau pour chaque marché spécifique, faire suivre le mode de passation à la catégorie de marchés correspondante.

b.1 Pour les marchés de travaux à inscrire dans le PPM

T/DRPS pour les travaux à passer par Demande de renseignements et de prix simple ;

T/DRPO travaux à passer par Demande de renseignements et de prix à compétition ouverte ;

T/AOO travaux à passer par Appel d'offres ouvert ;

T/ED travaux à passer par Entente directe ;

Pour les autres modes de passation dérivés de l'appel d'offres, mettre l'abréviation adéquate

T/AO-P pour travaux par appel d'offres avec pré qualification ;

T/AO2E travaux par Appel d'offres en deux étapes ;

T/AOC travaux par Appel d'offres sur concours.

b.2 Pour les marchés de fournitures dans le PPM

F/DRPS fournitures par Demande de renseignements et de prix simple ;

F/DRPO fournitures par Demande de renseignements et de prix à compétition ouverte ;

F/AOO fournitures à passer par Appel d'offres ouvert ;

F/ED fournitures à passer par Entente directe ;

Pour les autres modes de passation dérivés de l'appel d'offres, mettre l'abréviation adéquate. Il doit en être de même pour les autres catégories de marchés et cela en fonction des procédures prévues au code des marchés à savoir les marchés de prestations physiques et les marchés de prestations intellectuelles.

c. troisième niveau :

Le troisième niveau est le numéro d'ordre chronologique à affecter à chaque marché spécifique pour une procédure prévue.

T/DRPS /001 pour le premier marché de travaux à passer par Demande de renseignements et de prix simple ;

T/DRPCO /005 pour le cinquième marché de à passer par demande de renseignements et de prix à compétition ouverte.

Il en sera de même pour les marchés à passer suivant les autres procédures prévues au Code des marchés (PPCM).

d. quatrième niveau :

Au quatrième niveau, il s'agira d'ajouter simplement l'année concernée de sorte à avoir un classement thématique qui se présente comme suit :

T/DRPS /001/2020 pour le premier marché de travaux à passer par Demande de renseignements et de prix simple pour l'année 2020 ;

T/DRPS /005/2020 pour le cinquième marché de à passer par Demande de renseignements et de prix simple pour l'année 2020 ;

T/DRPO /002 /2020 pour le deuxième marché de à passer par Demande de renseignements et de prix à compétition ouverte pour 2020 ;

Les éléments de « **T/DRPO /002 /2020** » proviennent d'une combinaison d'éléments figurant sur différentes parties du plan de passation des marchés :

- le premier élément (T, F, P, S) permet de catégoriser le marché (travaux fournitures prestations physiques, etc. ;
- le second élément se rapporte au mode passation (DRPS ou DRPCO ou AOO),
- le troisième élément se rapporte au chiffre de numérotation indiqué dans le plan suivant une chronologie ininterrompue par mode de passation ;
- le quatrième élément indique l'année du plan de passation.

La première des choses à faire est d'inscrire les marchés à passer de manière thématique c'est-à-dire commencer par les procédures simplifiées et les lister de manière chronologique par catégorie de marchés (travaux, fournitures, etc.).

Pour chaque catégorie, il faut lister les marchés à passer suivant la procédure requise. Chaque fois qu'une catégorie est terminée, il faut redémarrer par 1 de sorte à avoir une numérotation interrompue pour cette catégorie T/DRPO/1-2020 ou F/DRPO/1-2020 ou C/SQC/1-2020.

Ce sont numéros alphanumériques qui seront donnés aux différents dossiers de marchés et ils pourront être utilisés ultérieurement pour l'archivage des dossiers de l'année correspondante.

Il est important de noter que le classement ultérieur des dossiers se fait à partir du PPM et non pas avec le numéro d'approbation donné par la Direction en charge du Contrôle de la passation des marchés publics ou la Cellule de passation des marchés.

Cette proposition de classement thématique est un préalable pour un bon archivage des marchés. Elle permet par ailleurs, en bas du tableau ou dans autre présentation de synthèse de donner pour chaque catégorie de marché et par mode de passation le nombre de marchés inscrits et leurs valeurs

3.3.3.3 Inscription des coûts des acquisitions.

Afin d'harmoniser dans la mesure du possible, le plan et le budget, il est nécessaire d'inclure pour chaque marché, les prévisions de dépenses objet des chapitres précédents.

Il est essentiel de disposer d'un budget réaliste basé sur des données fiables, étant donné que la valeur estimée influe directement sur le choix de la méthode de passation à adopter ou sur le niveau de revue.

Les seuils prédéfinis aideront grandement dans la classification des différents marchés en fonction des procédures prévues par les textes réglementaires en matière de marchés publics.

3.3.3.4 Détermination des dates prévisionnelles des activités

Pour avoir une idée de la date de début d'une activité, il est possible de s'inspirer des programmes de travail et de programmation budgétaire annuelle (PTBA).

Dans les PTBA sont inscrites soient les dates de début des actions ou les dates butoirs pour réceptionner une acquisition de sorte à pouvoir dégager une chronologie des activités de passation des marchés. La détermination des dates souhaitées pour la réception des prestations permet de fixer suivant une « démarche récurrente » les dates de déclenchement des processus de passation des marchés.

Il est vrai que ce ne sont que des projections, mais de manière objective, pour fixer cette première date (date de déclenchement) de chaque marché spécifique à passer, il faut tenir compte de la disponibilité des spécifications techniques ou des termes de références et du temps nécessaire pour élaborer le Dossier d'appel à la concurrence.

Pour l'inscription des dates de chaque activité durant le processus de passation du marché, il faut déterminer la date de l'activité qui en premier déclenche une procédure de passation de marché. Il s'agit de la date la plus probable à laquelle le dossier d'Appel à la Concurrence sera élaboré et est prêt à être soumis à qui de droit pour recueillir l'autorisation de lancer la procédure.

Ces informations apportent une aide à la gestion des activités en donnant au Plan de passation des marchés les caractéristiques d'un outil actif de suivi et de pilotage. Les étapes du plan de passation ne se limite pas à la signature du contrat, sa dernière partie est réservée à l'exécution des marchés. Il est bon à ce niveau de pouvoir déterminer le temps à accorder aux futurs titulaires pour mettre à notre disposition les différents livrables, des questions aux opérationnels du secteur pourraient y contribuer grandement.

3.3.3.5 Renseignement du Plan de passation des marchés

De manière concrète, une fois la date la plus probable pour disposer des spécifications techniques ou des termes de référence afin de d'élaborer le Dossier d'appel à la concurrence est disponible ; il est possible de dérouler la chronologie des activités de passation des marchés.

Après avoir copié le modèle agrée sur EXCEL (en format date-configuration par défaut), aller à la cellule correspondante à approbation des termes de références ou des spécifications, indiquer la date y relative (4 décembre 20__) ajouter trois jours pour avoir la date de disponibilité du dossier d'appel à la concurrence de sorte à avoir (= « cellule » 4 décembre 20__+3=**7décembre 20__**).

Une fois la date d'élaboration de ce dossier connue, il est maintenant aisé de déterminer les autres dates du processus de passation des marchés. Par exemple, si la transmission doit prendre deux jours pour que le dossier soit effectivement au niveau de la structure de validation à la date de transmission ajouter ces 2 jours et on aura la date de transmission (= 7 décembre 20__+2=**9décembre 20__**)

Dans la cellule suivante « Avis de la Direction en charge du Contrôle de la passation des marchés publics » suivant le même format mettre la formule **(=9décembre 20__+x jours) (x jours correspondant au délai de revue).**

Le résultat obtenu sera la date pour l'obtention de l'Avis de non-objection ou de l'avis favorable pour la poursuite de la procédure. Si le délai de traitement octroyé est de 7 jours ouvrables ou 9 jours calendaires, il sera ajouté le temps de transmission de 2 jours ainsi : x sera de 11 jours), la date pour enclencher l'étape suivante est **(=9décembre 20_+11 jours =21 décembre 20__).** Il est tout à fait indiqué d'avoir à côté un calendrier pour lisser les dates chaque fois que l'on tombe sur un samedi ou dimanche ou jour férié. Pour toutes les autres cellules, la formule ainsi établie reste valable :

Date cellule début + x jours+ y jours (*si nécessaire.*)

x est le nombre de jours utiles pour la réalisation d'un élément de la procédure de passation de chaque marché spécifique ;

y le nombre de jours pour la transmission si requis). Ainsi on aura :

- **Avis Direction en charge du Contrôle de la passation des marchés publics** [(x=7 jours pour avis de la Direction en charge du Contrôle de la passation des marchés publics + 2 jours pour transmission et ventilation courrier accord Direction en charge du Contrôle de la passation des marchés publics)] ;
- **Publicité** (il s'agit de la date à laquelle l'avis sera publié) = (date de réception de l'avis de la Direction en charge du Contrôle de la passation des marchés publics + 4 jours (pour avoir une plage pour l'insertion de l'avis dans un journal) ;
- **Date d'ouverture des plis** = (date publicité + 30 jours révolus pour le délai d'élaboration des offres à déposer) ;
- **Date transmission rapport d'évaluation à DMP =** (date ouverture des plis + 15 jours pour l'évaluation des offres et dépôt du rapport + 2 jours pour la transmission) ;
- **Date avis DMP** (7 jours étude du rapport + 2 jours de transmission pour avis Direction en charge du Contrôle de la passation des marchés publics) ;
- **Date signature contrat** = 1 jour pour la finalisation contrat + 3 jours pour obtenir signature de l'attributaire + 2 jours pour la signature de l'autorité + 5 jours pour l'attestation crédit + 10 jours pour l'approbation et la numérotation du marché.
- **Date des livrables** : travaux simples de trois à 6 mois ; travaux complexes plus de 6 mois tenir compte de la nature des travaux ; fournitures courantes de 15 jours à 2mois ; complexes de 3 à 6 mois ; prestations intellectuelles petites missions 15 jours pour les rapports provisoires ; missions d'envergure moyenne dépôt du rapport provisoire 1 à 3 mois ; missions complexes dépôt rapport provisoire de 6 mois à un an ou plus.

3.4 SUIVI DU PLAN DE PASSATION DES MARCHÉS.

Le plan de passation des marchés couvrant les douze mois de l'année, une fois établi, il ne doit pas être considéré comme un document statique. Il est évolutif et peut être l'objet d'une actualisation périodique.

Les adaptations ou modifications peuvent être insérées chaque fois que de besoin. Cependant l'Autorité contractante s'engage à mettre en œuvre le Plan de passation des Marchés dans les conditions qui ont fait l'objet d'une non-objection par la Direction en charge du Contrôle de la passation des marchés publics.

Beaucoup de bailleurs et même certains pays de la sous-région ont adopté un Système de Gestion des marchés publics qui constitue un outil de travail pour le dispositif institutionnel composé des autorités contractantes, de l'Autorité de Régulation des marchés publics et de la Direction en charge du Contrôle de la passation des marchés publics.

Le Système de Gestion des marchés publics au Sénégal est un logiciel qui permet aux Autorités contractantes de dérouler leurs procédures de passation des marchés publics inscrits dans leur plan de passation. Il s'agit d'une œuvre comportant des droits de propriété.

3.4.1 Le Système de Gestion des marchés publics (SYGMAP).

Le Système de Gestion des marchés publics est présenté sous une sous version électronique.

Une interface privée du Système de Gestion des marchés publics est dédiée à chaque utilisateur qui doit se connecter par son nom d'utilisateur et son mot de passe obtenu avec la collaboration de la Direction en charge du Contrôle de la passation des marchés publics.

Le Système de Gestion des marchés publics permet d'avoir accès à différents menus comme :

- les plans de passation ;
- les avis généraux ;
- la passation de marchés ;
- le référentiel ;
- les paramètres généraux ;
- la gestion des comptes et mots de passe.

Le lien « Paramètres généraux » disponible sur la page d'accueil permet à l'utilisateur de renseigner les informations relatives à une autorité contractante (dénomination, sigle, adresse, personne responsable de marché). La saisie de ces informations est nécessaire pour l'utilisation du système.

3.4.1.1 Création du plan de passation dans Système de Gestion des marchés publics

Cliquer sur le menu plan de passation pour créer, modifier, supprimer ou consulter un plan de passation. Pour le référencer, cliquer sur « Ajouter ».

L'écran de saisie des éléments du Plan de passation des marchés s'affiche. Le numéro du plan est généré automatiquement en fonction de l'année sélectionnée.

Un nouveau Plan de passation des marchés référencé comporte les trois (3) statuts suivants :

- en cours de saisie ;
- en cours de validation ;
- validé ou rejeté.

Les actions possibles sont :

- modifier des informations (référence PPM) ;
- gérer les réalisations du plan ;
- supprimer le plan.

Après la création de la référence du Plan de passation des marchés, l'Autorité contractante peut procéder à la saisie des réalisations. Pour cela, cliquer sur l'icône de la ligne correspondante du plan de passation. Pour ajouter une réalisation, cliquer sur le bouton « Ajouter » afin d'afficher l'écran de saisie.

3.4.1.2 Transmission du Plan de passation des marchés publics à la Direction en charge du Contrôle de la passation des marchés publics.

Une fois le Plan de passation des marchés publics élaboré, l'Autorité contractante le transmet à la Direction en charge du Contrôle de la passation des marchés publics pour validation en cliquant sur l'icône.

Après une mise en validation, l'Autorité contractante perd le contrôle sur le plan de passation (les actions suppression, rajout et modification disparaissent). Elle ne peut que les consulter.

Le plan traité par la Direction en charge du Contrôle de la passation des marchés publics change de statut (validé ou rejeté). Cliquer sur le statut pour consulter les observations et commentaires de la Direction en charge du Contrôle de la passation des marchés publics.

Si le Plan de passation des marchés publics est rejeté, l'Autorité contractante pourra prendre en compte les observations et soumettre à nouveau le Plan de passation des marchés publics pour validation.

3.4.1.3 Mise à jour du Plan de passation des marchés.

Une fois le plan de passation validé, une nouvelle action est activée et accessible par le lien. Un clic sur ce lien permet d'accéder à l'interface de gestion des mises à jour du Plan de passation des marchés publics. Comme pour l'ajout d'un plan de passation, l'utilisateur doit d'abord créer la référence de la nouvelle version. Pour ce faire cliquer sur l'icône « ajouter ».

Après avoir référencé la mise à jour et cliqué sur le bouton « Enregistrer », l'interface de gestion des mises à jour s'affiche. Dans le Système de Gestion des marchés publics, il est possible de suivre tout le processus de passation des marchés allant de l'élaboration du Dossier d'appel à la concurrence à la réception des prestations.

Le Système de Gestion des marchés publics est une application conviviale facile d'utilisation. Pour chaque item concernant les marchés publics, les détails des procédures sont développés par les formateurs de la Direction en charge du Contrôle de la passation des marchés publics avec à l'appui des cas pratiques.

A la réalité, les sessions de formation de l'ARMP, sont sanctionnées par des séances pratiques de confection de Plans de passation des marchés publics, l'insertion des marchés à passer et des autres pièces dans le cadre de la passation ou de l'exécution desdits marchés via le Système de Gestion des marchés publics.

3.4.2 Alertes et suivi du PPM sur Google.

Pour le suivi des Plans de passation des marchés publics, il est possible d'utiliser un compte « Gmail » qui est associé à « Google agenda » pour recevoir des alertes par rapport aux différentes actions programmées et inscrites sur ledit agenda ou sur le Système de Gestion des marchés publics.

Pour la programmation ouvrir Google Agenda, sur le calendrier hebdomadaire, le mensuel ou même celui prévu pour l'année inscrire les différents événements aux heures et dates correspondantes par rapport au Plan de passation des marchés publics.

En effet, pour chaque événement inscrit sur Google agenda, un avertissement par courriel sur le compte associé sera donné pour informer de la date de début d'une action à entreprendre par rapport à un marché donné.

L'outil permet donc de gérer son Plan de passation des marchés ou tout autre planning en y insérant tous les **événements**, pour ensuite les **synchroniser** avec l'ensemble des outils tactiles : ordinateurs, tablettes, Smartphones, etc.

3.4.2.1 Accéder à Google Agenda depuis Gmail

Comme toutes les applications Google, le service Google Agenda arbore un graphisme épuré pour simplifier l'utilisation. La fenêtre se décompose en 4 zones distinctes :

- la partie haute permet de rechercher les événements saisis ;
- la partie située juste en dessous permet de déterminer la période d'affichage (jour, semaine, mois...) ;
- la zone de gauche affiche le visuel d'un calendrier ainsi que la liste complète des agendas disponibles ;
- l'espace central permet de saisir et consulter les événements.

1) Créer un événement

Pour ajouter un nouvel événement à votre agenda, **cliquez** sur un créneau disponible, indiquez **l'objet** de votre événement puis validez par **Créer un événement.** Il est aussi possible d'ajouter un événement en cliquant sur le bouton **Créer**.

2) Modifier un événement

La durée de préparation des spécifications techniques ou termes de références ou l'élaboration d'un document de passation des marchés peut être allongée par un **cliquer-glisser** avec la souris. Un clic sur l'événement permet de visualiser l'objet, la date et l'heure, mais aussi de **modifier ou supprimer l'événement.**

3) Supprimer ou modifier un événement

Cliquez sur **Modifier l'événement**. La fenêtre qui s'affiche permet d'ajouter des informations à un rendez-vous ou "éléments déclencheurs" du processus de passation des marchés comme la date de disponibilité des Tdrs ou spécifications techniques. Il est ainsi possible, de préciser la date ; d'ajouter une description.

4) Etre notifié d'un événement

Toujours dans les options avancées, on distingue l'option " **Ajouter" une notification** qui permet d'être informé d'un événement soit par **mail (sur le compte Gmail)**, soit par l'affichage d'un **pop-up** (fenêtre du navigateur). Il n'est ainsi plus possible d'oublier une tâche notamment un déclencheur d'une procédure de passation des marchés.

Le déclencheur indexé en heures, en jours ou semaines est à utiliser pour que les opérationnels, c'est-à-dire ceux qui doivent déposer les Tdrs, spécifications techniques ou tout autre élément, puissent le faire dans les délais impartis afin de contribuer à l'efficacité recherchée dans le processus de passation des marchés.

MODÈLE DE PLAN DE PASSATION DES MARCHÉS TRAVAUX ET FOURNITURES DIRECTION DES MARCHÉS PUBLICS

Ex de Plan de passation des marchés Travaux et Fournitures

N°	Objet du marché		catégorie	Coût estimatif (millions de F CFA)	Avis sur Dossier consultation		Publication	Ouverture publique des offres	Rapport d'évaluation		Exécution		
					Transmission DCMP ou CPM	Avis DCMP ou CPM			Transmission DCMP ou CPM	Avis DCMP ou CPM	Signature Contrat	Début	Fin
Marchés par Demande de renseignements et de prix simple													
1	Acahat de3 appareil dymo	Prévu	F	,0,125	03/05/2019	10/05/2019	NR	25/05/2019	27/05/2019	30/05/2019	05/06/2019	07/06/2019	14/06/2019
		Réalisé											
..	....	....		....	....	....	....	....	....	....	....	....	....
Marchés par Demande de renseignements et de prix ouverte													
8	Réhabilitation des locaux de CITRF	Prévu	T	63	05/05/2019	12/05/2019	17/05/2019	01/06/2019	11/06/2019	18/06/2019	28/06/2019	28/07/2019	25/12/2019
		Réalisé											
..	....	....		....	....	....	....	....	....	....	....	....	....
Marchés par Appel d'offres ouvert													
15	Achat huit véhicules	Prévu	F	160	02/01/2019	09/01/2019	14/01/2019	13/02/2019	28/02/2019	07/03/2019	17/03/2019	16/04/2019	15/07/2019
		Réalisé											
16	achat matériels de bureau	Prévu	F	80	04/03/2019	11/03/2019	16/03/2019	15/04/2019	30/04/2019	07/05/2019	17/05/2019	16/06/2019	15/08/2019
		Réalisé											
..	....	....		....	....	....	....	....	....	....	....	....	
22	Revue dépenses petits ruminants	Prévu	PI (SQC)	15	12/02/2019	19/02/2019	24/02/2019	26/03/2019	10/04/2019	17/04/2019	27/04/2019	27/05/2019	11/07/2019
		Réalisé											

Il s'agit du PPM en ligne qui a été amélioré pour prendre en la réalisation effective. La ligne « réalisé » permet de mesurer les performances par rapport aux procédures de passation des marchés. Le plan est établi en fonction des modes de passation des marchés. Le numéro du marché dans le PPM ne sert que pour le repérage, il ne s'agit pas d'une chronologie. Catégorie T ou F ou SP ou PI désigne le type de marché de (Travaux ou Fournitures ou Services physiques).

Pour l'acquisition "Armoires" dans tableau de passation ci-dessus, il y a eu deux jours de retard dans la publicité, plus de six dans la délivrance de l'avis de la Direction en charge du Contrôle de la passation des marchés publics, bien que la Direction des marchés publics soit dans les temps impartis. Ce qui signifie qu'au niveau de l'AC outre le premier retard un autre s'est ajouté soit dans les délais de transmission par l'AC, etc.

TROISIÈME PARTIE

PROCÉDURES PASSATION DE MARCHÉS

PROCÉDURES PRÉVUES AU CODE DES MARCHÉS PUBLICS (PPCM)

(Marchés de biens, de travaux et de services physiques)

★★★★ ★★★

Titre premier
LES PROCÉDURES SIMPLIFIÉES

**** ***

CHAPITRE I

LES COTATIONS DE FOURNISSEURS OU DEMANDES DE RENSEIGNEMENTS ET DE PRIX.

Les Codes de marchés publics de beaucoup de pays de la sous-région s'inspirant des différents modes de passation autorisés par les directives de l'Union économique et monétaire ouest-africaine distinguent plusieurs types de procédures susceptibles d'être mises en œuvre pour la passation de marchés.

Une procédure à respecter dépend du type de marché et du montant en jeu, cependant, quelle que soit la procédure mise en œuvre, des principes fondamentaux s'appliquent à tout marché public.

Avant tout, quelle que soit la procédure de passation, un marché public doit respecter les trois principes de la commande publique, à savoir la liberté d'accès à la commande publique, l'égalité de traitement des Candidats, ainsi que la transparence des procédures.

Subséquemment et avec une importance tout aussi essentielle, la procédure doit refléter la bonne utilisation des deniers publics.

1.1 LES DIFFÉRENTES FORMES DE DEMANDES DE RENSEIGNEMENTS ET DE PRIX.

Une Demande de renseignements et de prix (DRP), ou encore cotation, est une procédure, qui donne à l'Autorité contractante, la possibilité d'adresser simultanément, une demande à des fournisseurs de même envergure commerciale, pour obtenir des renseignements concernant les prix estimatifs et la disponibilité à leur niveau de biens ou de services précis.

En effet, la procédure de Demande de renseignements et de prix (DRP) peut être utilisée pour obtenir les renseignements dont a besoin l'Autorité contractante à des fins de planification de programmes, ou à des fins de préparation budgétaire ou pour une comparaison de prix.

Plusieurs Codes des marchés publics ont adopté, à des variantes près trois types procédures de Demande de renseignements et de prix ou cotation de fournisseurs, il s'agit de :

- Demande de renseignements et de prix simple ;
- Demande de renseignements et de prix restreinte ;
- Demande de renseignements et de prix à compétition ouverte.

1.1.1 Demande de renseignements et de prix simple

La Demande de renseignements et de prix simple (DRPS) est une Procédure dont peut avoir recours l'Autorité contractante lorsque le montant estimé du projet de marché est très faible.

Les dépenses qui s'y rapportent peuvent être faites sur la base de contrats écrits de forme libre. Il est même possible que ces commandes répondant à des conditions de montant et de nature soient dispensées de forme écrite et donnent lieu à règlement sur mémoires ou factures.

1.1.2 Demande de renseignements et de prix restreinte

La Demande de renseignements et de prix restreinte (DRPR) est la Procédure dont peut avoir recours l'Autorité contractante pour les dépenses de petits et moyens montants.

Pour la comparaison de prix, la Demande de renseignements et de prix restreinte (DRPR) est adressée directement à des fournisseurs choisis (au moins cinq) par l'Autorité contractante pour nécessairement comparer trois offres et retenir celle qui répond aux spécifications techniques et est moins-disant.

1.1.3 Demande de renseignements et de prix à compétition ouverte (DRPCO).

La Demande de renseignements et de prix a compétition ouverte (DRPCO) est une Procédure prévue dont peut avoir recours une Autorité contractante pour les dépenses d'une certaine importance, mais qui n'ont pas atteint le seuil qui déclenche l'appel d'offres.

L'Autorité contractante qui choisit cette procédure lance un avis public d'appel à la concurrence pour délai minimal de dépôt des offres de 15 jours calendaires (il s'agit en fait d'un « mini appel d'offres ouvert »).

La Commission de passation des marchés publics auprès de l'Autorité contractante procède à l'évaluation en fonction de critères consignés dans le Dossier d'Appel à la concurrence. Elle soumet le rapport d'analyse à la Personne Responsable du marché, par le biais de la Cellule des marchés, dans un délai fixé par la réglementation en jours ouvrables à compter de la date d'ouverture des plis.

Le marché est attribué au Candidat qui a déposé : « l'offre conforme, évaluée, moins-disant » ou « l'offre évaluée conforme moins disant ou toute autre déclinaison adoptée par les textes réglementaires au niveau du pays concerné. Ce Candidat devra, par ailleurs, être reconnu réunir les critères de qualification contenus dans le Dossier d'appel à la concurrence. Dès que le marché est approuvé, l'Autorité contractante informe immédiatement les autres Candidats du rejet de leurs offres et publie un Avis d'attribution provisoire.

****** *****

Titre Deuxième
LES APPELS D'OFFRES

**** ***

CHAPITRE I

L'APPEL D'OFFRES OUVERT

1.1. GÉNÉRALITÉS

La procédure d'Appel d'offres doit être déroulée dès que le plafond autorisé pour la Demande de renseignements et de prix à compétition ouverte (DRPCO) est crevé.

L'Appel d'offres est la procédure par laquelle, une Autorité contractante choisit sans négociation, une offre conforme qui répond à tous les critères de soumission et pour laquelle le porteur satisfait aux critères de qualification qui avaient été consignés dans les Données particulières de l'appel d'offres faisant partie intégrante du Dossier d'Appel à la concurrence.

L'Appel d'offres ouvert ou « **AOO** » est la Procédure dont on doit recourir par défaut pour la conclusion de marchés de travaux de fournitures et services physiques d'une certaine importance. Avec ce mode de passation, tout opérateur éligible peut remettre une offre.

Des Dossiers types sont élaborés pour la passation de marchés par appel d'offres ; ces Dossiers types sont les supports dédiés pour dérouler la passation des marchés de travaux par appel d'offres (Dossier type travaux) et pour les marchés de fournitures suivant cette même procédure (Dossier type fournitures).

1.1.1. Les avantages de l'Appel d'offres ouvert.

La procédure d'Appel d'offres ouvert constitue le meilleur moyen pour appliquer dans leur plénitude tous les principes directeurs de la passation des marchés.

L'Appel d'offres ouvert est la procédure idéale pour permettre aux PME de faire valoir leur offre en tant que Candidat seul ou en tant que membre d'un groupement.

Avec une telle procédure, l'Autorité contractante a tout un panel d'offres, lui permettant de faire un choix objectif par application des critères retenus dans le Dossier d'appel à la concurrence.

Pour la post qualification les critères ne sont appliqués que pour le Candidat dont l'offre est évaluée moins-disant, s'il satisfait aux critères le processus est terminé.

S'il ne satisfait pas les critères de qualification, il est alors examiné, dans les mêmes conditions, le dossier du second qui devient désormais le moins-disant.

1.1.2. Les inconvénients de l'Appel d'offres ouvert.

Tout Candidat éligible peut proposer une offre, l'Autorité contractante est tenue de recevoir et d'évaluer les dossiers provenant de tous les Candidats. Cette ouverture entraîne souvent le dépôt d'une multitude de dossiers qui sont à évaluer qui est consommatrice de temps.

La procédure ouverte ne permet pas de calibrer les Candidats potentiels ; de grosses entreprises avec une expérience avérée peuvent être en compétition avec des entreprises qui ont souvent joué des rôles secondaires dans la réalisation de certains ouvrages, mais qui ont eu à jouer une ou deux fois tout au plus le rôle d'une entreprise principale.

Ainsi, du point de vue expérience elles peuvent faire la concurrence à des entreprises plus chevronnées. Il revient à l'Autorité contractante, de bien calibrer les critères à faire valoir, pour la post qualification, afin d'éviter pour des ouvrages pointus de contracter avec une entreprise qui n'a peut-être pas toute la capacité ou l'expérience pour effectuer un certain travail.

1.1.3. Le contenu du Dossier d'appel à la concurrence pour un Appel d'offres ouvert.

L'élaboration du Dossier de passation de marchés se fait sous la responsabilité de la PRMP, qui peut se faire assister par la Cellule des marchés ou par tout autre spécialiste. Le Dossier Type d'Appel d'offres ouvert pour les marchés de travaux et le Dossier type d'Appel d'offres ouvert pour les marchés de fournitures comprennent chacun, quatre parties principales, que sont :

- les procédures d'Appel d'offres ;
- les spécifications des fournitures ou des travaux ;
- le modèle de contrat de marché.

1.1.3.1. La première partie : les procédures d'Appel d'offres.

La première partie du Dossier type d'Appel d'offres ouvert comprend trois sous-parties, que sont : les Instructions aux Candidats, les Données particulières de l'Appel d'offres (DPAO) et les « Formulaires de soumission ».

a. L'Avis d'Appel d'offres.

L'avis d'appel public à la concurrence ou Avis d'Appel d'offres (AAO) est l'insertion publicitaire faite par l'Autorité contractante, généralement, dans un journal à large tirage au niveau national pour informer les opérateurs économiques de la passation d'un ou de plusieurs marchés ou Accords-cadres. L'Avis d'Appel d'offres est le premier document public d'information qui marque le lancement d'une procédure spécifique de passation de marchés.

La publicité est le premier élément de démocratisation de l'accès à la commande publique en ciblant l'ensemble des prestataires intéressés par une véritable mise en concurrence, suscitant candidatures et offres, elle constitue le gage d'une réponse adaptée aux besoins exprimés par l'Autorité contractante.

Faire jouer une concurrence pure et parfaite dans le processus de la commande publique répond, aussi, au souci d'efficacité économique, car la diversité des soumissions permet d'accroître les chances d'obtenir la meilleure offre et de garantir un bon usage des deniers publics.

b. Les Instructions aux Candidats (IC).

Les Instructions aux Candidats (IC) fournissent les renseignements sur les modalités de préparation et de remise des offres, l'ouverture des plis, l'évaluation des offres reçues et ouvertes et l'attribution du Marché.

Les clauses au niveau de cette section ne doivent pas être modifiées. Les changements requis, pour tenir compte du contexte propre à chaque marché, doivent figurer dans les Données particulières de l'Appel d'offres (DPAO) qui complètent les Instructions aux Candidats.

c. Les Données particulières de l'Appel d'offres.

La liste des clauses constituant les Données particulières de l'Appel d'offres (DPAO) figurant dans les Dossiers types a pour but de servir de base à l'établissement des indications spécifiques, par rapport à un projet d'acquisition de biens, travaux ou services.

Sous la responsabilité de la Personne responsable des marchés, les services techniques sous tutelle complètent les Données particulières de l'Appel d'offres à l'aide des indications fournies dans les notes en italique et entre crochets, en insérant le texte approprié et en utilisant les exemples fournis ou un texte similaire, adapté projet de Marché. Chaque fois qu'un texte est inséré (*les notes en italique et entre crochets doivent ensuite être supprimées*).

Les clauses des Données particulières de l'Appel d'offres complètent, précisent ou modifient les clauses des Instructions aux Candidats (IC). En cas de conflit, les Données particulières de l'Appel d'offres prévalent sur les Instructions aux Candidats.

Il est laissé, à l'Autorité contractante, la possibilité d'insérer au niveau des Données particulières de l'Appel d'offres, une Donnée particulière « qui ne prend pas sa source » au niveau des Instructions aux Candidats ou qui n'a aucune attache avec ces informations générales.

Chaque fois que l'on veut insérer une disposition particulière non répertoriée au niveau des Instructions aux Candidats, il faut le faire au niveau des Données particulières de l'Appel d'offres au niveau de la rubrique qui concerne cette particularité que l'on veut porter à l'attention des Candidats.

Exemple : Pour introduire une information particulière par rapport à l'évaluation des « offres anormalement basses » ou « offres avec des prix aberrants », allez à la rubrique « Evaluation » chercher la sous-rubrique apte à prendre en compte cette préoccupation. Si une telle sous-rubrique existe, insérer la donnée spécifique. Au cas où une telle sous-rubrique n'existerait pas, créer une sous-rubrique qui portera un numéro qui suit le dernier et insérer la particularité souhaitée.

	RUBRIQUE ÉVALUATION
4.1	**Évaluation sur la base d'autres facteurs** ;
4.1.5	....
4.3	**Offres avec des prix aberrants**

L'insertion d'une information particulière se fait, après avoir donné à la nouvelle disposition un numéro particulier qui suit le dernier numéro de la rubrique concernée.

d. Les "Formulaires de soumission"

Les modèles de formulaires et de modèles de fiches de renseignements à fournir par les Candidats à l'appui de leurs offres pour démontrer qu'ils possèdent les qualifications requises pour réaliser le marché inclus dans les Dossiers d'appels d'offres-Types comprennent :

- **Pour les marchés de travaux :**
  - la lettre de soumission de l'offre ;
  - les formulaires bordereau des prix et détail quantitatif et estimatif ;
  - les formulaires de proposition technique ;
  - les formulaires de qualification ;
  - le modèle de garantie de soumission (garantie bancaire ou cautionnement émis par une compagnie d'assurance) ;
  - le modèle d'engagement à respecter la Charte de Transparence et d'Éthique en matière de marchés publics ou Déclaration d'intégrité.

• **Pour les marchés de fournitures :**

- le formulaire de renseignements sur le Candidat ;
- le formulaire de renseignements sur les membres de groupement ;
- la lettre de soumission de l'offre ;
- le bordereau des prix pour les fournitures ;
- le bordereau des prix et des services connexes ;
- le modèle de garantie de soumission (garantie bancaire) à faire figurer dans le Dossier d'appel à la concurrence dans le cas où une telle garantie est requise ;
- la garantie de soumission (cautionnement émis par une compagnie de garantie ou d'assurance) ;
- le modèle d'autorisation du fabricant à produire par les Candidats qui ne fabriquent ou ne produisent pas les fournitures qu'ils offrent ;
- l'engagement à respecter la Charte de Transparence et d'éthique.

1.1.3.2. Deuxième partie : Les prescriptions techniques.

Les différents Cahiers des clauses administratives générales (CCAG) applicables aux marchés publics sont de simples documents types dépourvus en eux-mêmes de portée juridique, dès lors que la référence aux stipulations qui y sont consignées n'est pas obligatoire pour les parties, au stade de la consultation.

Les prescriptions ou spécifications techniques énoncent les caractéristiques des biens, travaux à acquérir ou leurs processus et méthodes de production, ou les caractéristiques des prestations à acquérir et leurs méthodes de fonctionnement.

a. Pour les travaux.

Les prescriptions techniques sont consignées dans le cahier des Clauses techniques. S'il existe un ou plusieurs Cahiers des clauses techniques générales (CCTG) pour tout ou partie des travaux à réaliser, le Maître d'Ouvrage devra en faire état et inclure dans les Cahiers des Clauses techniques particulières (CCTP), les clauses correspondantes.

Pour les travaux pour lesquels il n'existe pas de CCTG, le Maître d'Ouvrage préparera (ou fera préparer par un Maître d'Œuvre) le CCTP.

b. Pour les fournitures.

Les spécifications techniques sont consignées dans la rubrique réservée aux conditions d'approvisionnement des fournitures. Elles sont destinées à définir les caractéristiques techniques des fournitures, ou services demandés par l'Autorité contractante. Cette partie comprend :

- la liste des fournitures et calendrier de livraison ;
- la liste des services connexes ;
- les spécifications techniques et les plans ;
- les inspections et les essais.

1.1.3.3. La Troisième partie : le Marché comprend :

a. L'Acte d'Engagement

Le modèle d'Acte d'Engagement figurant dans les Dossiers Types d'Appel d'offres est destiné à servir de guide pour l'établissement de la principale pièce constitutive du marché ; ce document et ses annexes sont établis par l'Autorité contractante.

b. Le Cahier des Clauses administratives générales.

Les Cahiers des Clauses administratives générales (CCAG) sont des textes types généraux, que l'on retrouve au niveau des Dossiers types et qui permettent de préciser et compléter les Codes de marchés publics. Les CCAG fixent l'ensemble des aspects contractuels, du point de vue juridique et financier, applicables à toutes les prestations de même nature ou d'un même secteur d'activité.

Les CCAG sont applicables à un type de marché que si ce dernier s'y réfère expressément. Un même marché ne peut se référer qu'à un seul CCAG. Dans le cas où certaines prestations secondaires sont régies par des stipulations figurant dans un autre CCAG que celui désigné dans le marché, ce dernier doit reproduire, dans les Cahiers des Clauses administratives particulières (CCAP), les stipulations retenues, sans référence au CCAG dont elles émanent.

Les Candidats au Marché doivent souscrire à ses dispositions sans les modifier, ni les compléter.

c. Le Cahier des Clauses administratives particulières ;

Le Cahier des Clauses administratives particulières (CCAP) est destiné à compléter les dispositions du CCAG afin de préciser les obligations contractuelles reflétant les circonstances particulières de l'appel d'offres concerné. Le modèle de CCAP inclus dans les Dossiers d'appel d'offres types a pour but de servir de cadre à l'établissement du CCAP à inclure dans le Dossier de consultation.

Les techniciens et administratifs au niveau de l'Autorité contractante, complètent le CCAP à l'aide des instructions fournies dans les notes en italique et entre crochets, en insérant le texte approprié et en utilisant les exemples donnés ou un texte similaire, adapté aux besoins du Marché.

Les Dossiers d'appel d'offres types comprennent un certain nombre de modèles annexés au CCAP :

- la formule de révision de prix ;
- le Modèle de garantie bancaire de bonne exécution ;
- le Modèle de Garantie de Bonne Exécution ;
- le Modèle de garantie bancaire de restitution d'avance ;

L'Autorité contractante ajoute à ces annexes tous documents ou pièces qu'elle juge utile de lui permettre à mieux apprécier la relation contractuelle, tels que : les plans, les études, les photographies, etc.

1.2. LA PROCÉDURE DE L'APPEL D'OFFRES OUVERT.

La procédure d'Appel d'offres comprend les étapes suivantes :

- l'élaboration et la validation du Dossier d'appel d'offres ;
- la publicité et préparation des offres
- l'ouverture des plis ;
- l'évaluation des offres ;
- l'attribution du contrat ;
- la signature et conclusion et notification du contrat.

Le Dossier d'appel à la concurrence doit fournir des critères de qualification clairs qui permettront d'évaluer les Candidats, selon un processus objectif basé sur équité et la transparence.

Ces critères sont constitués par un ensemble d'informations que l'Autorité contractante demande principalement au niveau des Données particulières. Ces informations sont de deux types ; les critères de soumission qui s'attachent à l'offre et les critères de qualification qui s'attachent au Candidat.

Nous ne cesserons jamais de le dire, l'élaboration d'un Dossier d'appel à la concurrence est une gestion continue de risques. Aussi, faut-il accorder une attention particulière aux effets « boomerang » lors de la rédaction des Données particulières de l'Appel d'offres (DPAO). En effet, dans bien des cas la rédaction d'une clause de DPAO a conduit à un effet contraire à ce qui était attendu.

1.2.1. Dossier d'appel à la concurrence et des prix des prestations.

Dans le cas des marchés de travaux, de fournitures et de prestations de services physiques, il est recommandé de donner toutes les indications permettant aux Candidats d'établir leurs prix en toute connaissance de cause et sous leur entière responsabilité. En dehors des informations recueillies, lors de réunions d'information ou visites de sites, le CCAP doit donner toutes les précisions sur les circonstances de la réalisation du Marché.

1.2.1.1. Choix du mode de rémunération du titulaire.

Le choix, par l'Autorité contractante du mode de rémunération du titulaire :

- figure dans l'Avis d'Appel d'offres ou la lettre d'invitation ;
- il est rappelé dans les Données particulières de l'Appel d'offres (DPAO) ;
- il doit être pris en compte dans les indications et tableaux qui font partie du Cahier des Prescriptions spéciales (CPS) ou Cahier des Prescriptions Techniques particulières (CPTP), détaillant les besoins de l'Autorité contractante et à compléter par les Candidats avec l'indication des prix.

La mention du type de prix est indiquée dans l'Acte d'Engagement ou lettre de soumission à signer par les Candidats.

a. Détermination de la valeur du marché suivant des prix forfaitaires.

Dans le cas d'un marché à prix forfaitaire, les quantités prévisionnelles indiquées par l'Autorité contractante dans le Dossier d'appel à la concurrence doivent servir de base à l'établissement des offres. Ces quantités figurent en particulier :

- dans les listes de fournitures requises ; ou
- dans le détail quantitatif et estimatif des travaux à réaliser ;
- dans les quantités ou temps de prestations à effectuer.

Le prix proposé par le Candidat, mentionné dans la lettre de soumission, est fixé globalement pour les fournitures, prestations de services ou travaux à exécuter figurant dans le Cahier des Prescriptions spéciales (CPS).

La différence éventuelle entre les quantités estimées et les quantités réellement livrées ou exécutées ne sera pas prise en compte. Le prix forfaitaire est réputé comprendre toutes les dépenses résultant de toutes sujétions normalement prévisibles pour l'exécution de la totalité du Marché.

Ce mode de rémunération comporte donc une sécurité importante pour l'Autorité contractante et des aléas pour le Candidat au marché.

Ces aléas peuvent conduire ce dernier à majorer son offre. Ils peuvent aussi être source de litiges, notamment pour la détermination des travaux, ou fournitures supposées incluses on non dans l'objet du marché.

Afin de minimiser ce risque, l'Autorité contractante doit veiller à définir des spécifications techniques suffisamment détaillées pour les fournitures et élaborer un bordereau de prix qui définit le contenu de chaque prix forfaitaire.

Le système de prix forfaitaire est fréquemment adopté pour :

- les travaux si la détermination des quantités n'est pas trop aléatoire ;
- les marchés de prestations de services comportant un résultat, tel que l'entretien d'équipement pour une période donnée ;
- l'achat d'équipements clés en main assorti de montage.

b. <u>Détermination de la valeur du marché suivant les prix unitaires.</u>

Dans le cas d'un marché à prix unitaire, les quantités prévisionnelles éventuellement indiquées par l'Autorité contractante dans les CPS ne sont utilisées que pour fixer un montant global estimatif du marché. Le prix du marché résulte de l'application des prix unitaires aux quantités réellement livrées ou exécutées.

Les prix unitaires s'appliquent :

- aux quantités de fournitures livrées ;
- aux travaux réalisés mesurés selon les surfaces, volumes ou tonnages des ouvrages ou parties d'ouvrages exécutés ;

Les prix unitaires seront généralement utilisés :

- pour des fournitures et des prestations courantes ;
- pour la réalisation de travaux dont la détermination des quantités est aléatoire, tels que les travaux de fondation, de terrassement, et de voiries et réseaux divers (VRD).

c. <u>Détermination de la valeur du marché suivant une combinaison de prix unitaires et de prix forfaitaires.</u>

La combinaison de prix unitaires et de prix forfaitaires, peut être utilisée dans les marchés comportant des types de prestations aisément quantifiables et d'autres présentant des aléas, notamment techniques, rendant difficile leur forfaitisation.

Dans le cas de marchés de travaux, le maître d'ouvrage peut, par exemple :

- prévoir dans le cadre du détail quantitatif et estimatif les postes donnant lieu à l'utilisation des prix unitaires et ceux pour lesquels un prix forfaitaire sera appliqué ;
- demander que des prix unitaires soient indiqués pour tous les postes du détail quantitatif et estimatif et se réserver la possibilité de demander aux Candidats ;
- de forfaitiser, avant la passation du marché, le prix de certains ouvrages.
- choisir dans les deux cas entre les prix unitaires et les prix forfaitaires lors de la passation du Marché.

d. <u>La valeur du marché sur dépenses contrôlées.</u>

Ce mode de rémunération est parfois utilisé lorsqu'il n'a pas été possible de définir des prescriptions techniques et que les travaux ou prestations doivent être réalisés sans délai.

Dans le cas de rémunération en dépenses contrôlées, la somme due au titulaire comprend :

- le remboursement des dépenses justifiées telles que, salaires et indemnités du personnel, charges salariales, utilisation des matériels et équipements, le cas échéant, les matériaux, les consommables employés et les frais généraux ;
- la rémunération prévue par le Marché pour couvrir les autres frais généraux et assurer au Candidat une marge bénéficiaire.

Ce mode de rémunération doit être évité dans toute la mesure du possible en raison de la difficulté qu'il comporte relativement à la maîtrise des coûts de l'opération.

1.2.1.2. <u>Élaboration Dossier d'appel à la concurrence et choix des INCOTERMS.</u>

Le but des Incoterms est de fournir une série de règles internationales pour l'interprétation des termes commerciaux utilisés.

Ces termes définissent les obligations du vendeur et du titulaire lors d'une transaction commerciale, le plus souvent internationale, mais qui peut également s'établir entre des opérateurs nationaux ou communautaires.

Les incoterms concernent essentiellement les obligations des parties à un contrat de vente, en ce qui concerne la livraison de la marchandise vendue, la répartition des frais et des risques et la charge des formalités d'export et d'import.

Les expressions, « EXW, FOB, CAF », proviennent d'une abréviation anglo-saxonne de l'expression « **In**ternational **co**mmercial **Terms** », signifiant « termes du commerce international » traduit en français par « C.I.V. » ou « conditions internationales de vente ».

Les Incoterms résultent donc d'une codification des modalités d'une transaction commerciale mise en place par la Chambre de Commerce international. Chaque modalité est codifiée par trois lettres et est indissociable du lieu de livraison auquel elle se rapporte.

L'incoterm est aussi, indirectement, un outil d'optimisation des règles de la valeur en douane.

L'Incoterm DDP ou « Delivered Duty Paid » (rendu droits acquittés) est l'Incoterm dont l'utilisation est recommandée puisqu'il comporte moins de risque pour l'Autorité contractante.

Avec cet Incoterm, l'Autorité contractante n'a aucune obligation de prendre en charge des coûts de quelque nature que ce soit concernant l'expédition et la livraison des fournitures commandées.

Afin d'éviter toute confusion, le choix d'un Incoterm doit être accompagné de l'année de mise en vigueur et de l'adresse précise de livraison. Exemple DDP_{2010} -Dakar

1.2.1.3. Elaboration du Dossier d'appel à la concurrence et variation des prix.

Les marchés peuvent être conclus, à prix fermes, c'est-à-dire avec des prix qui ne peuvent pas être modifiés en cours d'exécution en raison de variations des conditions économiques qui avaient prévalu lors de la conclusion du marché.

Les marchés peuvent être conclus aussi à prix révisables lorsque les prix initiaux peuvent être modifiés durant l'exécution en vertu d'une clause de révision stipulée par les contrats de marché.

La nature, ferme ou révisable, des prix peut avoir un effet incitatif ou dissuasif sur les Candidats aux marchés. La nature ferme ou révisable des prix pour un marché donné doit être mentionnée dans l'Avis spécifique d'appel d'offres ainsi que dans le Dossier d'appel à la concurrence.

Pour l'insertion ou non d'une clause de variation de prix, le choix, par l'Autorité contractante est réalisé essentiellement en fonction des éléments suivants :

- la durée de la prestation à réaliser ;
- la nature de la prestation ;
- l'évolution prévisible de la conjoncture pendant la durée de la prestation.

Le prix ferme est adopté pour un marché de courte durée, sauf lorsqu'il concerne ou met en œuvre des produits ou matières dont le cours peut évoluer, sur une courte période, de manière inopinée, tels que les produits pétroliers.

Lorsque le Marché comporte des prestations de nature différentes qui peuvent être identifiées dans des postes distincts, il est possible de prévoir un prix ferme pour certaines prestations (par exemple : fournitures) et un prix variable pour d'autres prestations.

Les Dossiers Type d'Appel d'offres et la plupart des Codes des marchés publics mentionnent que les marchés dont la durée d'exécution est inférieure ou égale à douze mois sont conclus à prix fermes et ceux dont le délai d'exécution est supérieur.

a. Quelle formule de révision appliquer ?

La clause de révision des prix est un élément essentiel de l'offre de prix remise par les candidats. Ces derniers cotent leurs offres en fonction de l'existence d'une telle clause et de son contenu.

Que le marché soit ferme actualisable ou révisable, il doit comporter une clause figurant, au Cahier des Clauses administratives particulières (CCAP) du contrat, qui définit les modalités pratiques permettant de répondre contractuellement à la forme de prix choisie.

Cette clause, dénommée « variation des prix » répond à la commune intention des parties de confier à cette clause le soin de quantifier forfaitairement, mais correctement, les modifications économiques de prix ou de valeur qui peuvent survenir dans le temps et qui concernent particulièrement le Marché conclu.

Les variations prises en compte concernent les différents éléments de coût qui composent le prix de revient des prestations (main d'œuvre, matériel, matériaux, énergie, transports, frais divers, etc.).

La valeur de la variation de prix s'exprime sous la forme d'un coefficient résultant de la formule prévue au Marché. Selon les cas, c'est le coefficient de révision mensuel des travaux.

Lorsqu'il a été retenu de tenir compte des variations des prix, le montant global du Marché, ou le montant des prix unitaires est réparti en pourcentage entre les divers postes rentrant dans la composition des prix, suivant une formule de variation des prix. Dans une clause de révision des prix, on retrouve :

- la date d'établissement du prix initial ;
- les modalités de calcul de la révision ;
- la périodicité de la mise en œuvre de la révision.

La révision est effectuée :

- soit en fonction d'une référence à partir de laquelle le prix est ajusté ;
- soit par l'application d'une formule paramétrique représentative de l'évolution du coût de la prestation, qui peut contenir un terme fixe ;
- soit en combinant ces 2 modes.

De manière pratique, si le Marché a une durée d'exécution supérieure à un an **(1re condition)** et si la réalisation de la prestation nécessite le recours à une part importante de fournitures notamment de matières premières ou matériaux **(2e condition)**, dont le prix est directement affecté par les fluctuations de cours mondiaux **(3e condition).**

Ces 3 conditions précitées sont cumulatives.

Le Cahier des Clauses administratives générales (CCAG)-fournitures courantes et de services ajoute que cette révision doit intervenir au minimum tous les 12 mois à compter de la date de notification du Marché.

b. <u>La formule paramétrique de révision des prix.</u>

C'est la solution la plus fiable pour calculer correctement la dérive des prix d'un marché, à la condition, bien sûr, que la structure de la formule soit bien représentative de la structure des coûts du Marché auquel elle s'applique.

Cette adaptation est d'autant plus facile à obtenir que rien n'est figé au départ et que l'on peut choisir non seulement les indices appropriés, mais encore leurs poids respectifs dans la formule.

La structure de la formule paramétrique reste identique tout au long du déroulement du Marché, quelles que puissent être les variations des indices. En effet, chaque mois, la valeur de la formule du mois est rapportée à la valeur initiale de la même formule, ce qui évite les possibilités de distorsions progressives que risquent de présenter les Index.

Les CCAP travaux indiquent, dans leur majeure partie, la formule paramétrique à utiliser.

La formule est du type suivant :

$$\mathbf{REV = X + (a)\ T/T_0 + (b)\ S/S_0 + (c)\ F/F_0 + \ldots}$$

1.2.1.4. Élaboration du Dossier d'appel à la concurrence, spécifications techniques et normes.

Le groupe de mots «spécifications techniques» est une expression consacrée en marchés publics pour décrire, de manière lisible, les caractéristiques techniques des besoins en travaux, fournitures ou services physiques de l'Autorité contractante.

Les spécifications techniques définissent donc les caractéristiques requises d'un matériau, d'une fourniture ou d'un service pour que ceux-ci répondent à l'usage auquel ils sont destinés.

Les spécifications peuvent concerner également les conditions contrôle et de réception ainsi que les techniques de construction, de fabrication ou d'exécution.

Les spécifications techniques peuvent être définies, par référence à des normes ou à des exigences fonctionnelles ; elles ont pour rôle :

- de définir l'objet du marché, en indiquant les exigences du marché afin que les Candidats puissent déterminer s'ils sont intéressés (elles définissent le niveau de la concurrence) ;
- de susciter la concurrence la plus large possible, par des exigences mesurables à partir desquelles les offres peuvent être évaluées.

1.2.1.5. Élaboration du DAO et application de la préférence

Le Dossier d'appel à la concurrence doit indiquer clairement toute préférence que peut accorder l'Autorité contractante, les renseignements nécessaires pour établir la qualification d'une offre en ce qui concerne une telle disposition, les méthodes et démarches à suivre pour l'évaluation et la comparaison de ces offres.

A la demande du Candidat, et aux conditions énoncées dans le Dossier d'appel à la concurrence, une marge de préférence pourra être, accordée lors de l'évaluation des offres :

- pour les marchés passés par appel d'offres, à qualité équivalente et à délais de livraison comparables à la condition que leurs offres ne soient pas supérieures de plus de 10 % celle du moins-disant :
  - aux groupements d'ouvriers et aux coopératives ouvrières de production ;
  - aux groupements et coopératives d'artisans et aux coopératives d'artistes et aux artisans individuels suivis par les Chambres consulaires ;
  - aux organismes d'encadrement ou de financement agréés ;

- lorsque les marchés sont susceptibles d'être exécutés, en tout ou partie, par des Candidats répondant à ces caractéristiques.
- Les cahiers des charges doivent définir :
- les travaux, fournitures ou services pouvant faire l'objet du droit de préférence ;
- les conditions de préférence accordées et la méthode d'évaluation et de comparaison des offres.

Pour bénéficier de la préférence prévue, les Candidats doivent joindre aux justifications prévues, une déclaration par laquelle ils demandent bénéficier desdites dispositions. Il peut aussi être accordé une dérogation, en application d'accords internationaux pour des fournitures travaux ou services pouvant être livrés ou réalisés par des entreprises locales.

1.2.1.6. Élaboration du Dossier d'appel à la concurrence et qualification des Candidats.

L'Autorité contractante fixe des critères de qualification qui peuvent donner lieu à une appréciation objective de la capacité, du Candidat en pôle-position, à exécuter le marché tant du point de vue juridique, technique que financier.

a. Techniques d'analyse pour la post qualification des Candidats.

L'analyse pour la post qualification des Candidats est une étape généralement sous-évaluée dans les appels d'offres.

L'usage des procédures ouvertes fait souvent de l'analyse des Candidatures une simple étape de vérification de conformité ou de détection des incompatibilités manifestes (non atteinte de niveaux minimaux de capacité).

L'analyse de la capacité des Candidats est un instrument de gestion, car elle détermine la qualité des prestations ultérieures.

1) L'intérêt d'un niveau minimum de capacité.

Pour l'ensemble des procédures d'appel d'offres, l'Autorité contractante a la possibilité d'exiger des niveaux minimaux de compétences techniques ou d'exigences financières imposés aux Candidats qui souhaitent répondre.

La fixation d'un niveau minimal de capacité doit répondre objectivement aux contraintes d'exécution.

Pour la post qualification, seules les offres des Candidats qui satisfont à des minimaux préalablement consignés dans le Dossier d'appel à la concurrence, sont prises en compte. L'analyse porte dans un premier temps sur les capacités techniques et financières du Candidat ayant proposé l'offre qualifiée moins-disant.

2) <u>Analyse de la capacité juridique.</u>

Pour la situation juridique des Candidats, il peut être demandé :

- l'absence de défaut d'exécution d'un marché ;
- l'absence de litiges pour défaut d'exécution résolus aux torts du Candidat au cours des trois ou cinq dernières années ;
- l'absence d'appel de la garantie de soumission sur cinq ans.

3) <u>Analyse de la capacité technique et professionnelle.</u>

L'Autorité contractante peut également exiger des attestations de capacité technique et professionnelle, c'est-à-dire des moyens matériels et humains ainsi que des références des Candidats.

Les capacités techniques sont les moyens matériels (notamment l'outillage) et humains (effectifs), dont dispose le Candidat. Elles seront à apprécier quantitativement et qualitativement.

(i) <u>Expérience générale</u>.

Les capacités générales de chaque Candidat doivent être justifiées en référence à son expérience actuelle dans le domaine et à la valeur des travaux entrepris :

- les spécifications minimales relatives à l'expérience peuvent être exprimées en valeur annuelle pour les travaux de construction généraux de fournitures ou de services réalisés au cours d'une période donnée trois à cinq ans ;
- la valeur des travaux/fournitures/services réalisés et assurés peut aussi être présentée dans le cadre d'un chiffre d'affaires annuel, fixé à 3 à 4 fois le montant estimé du marché.

(ii) <u>Expériences particulières</u>

Les Candidats doivent démontrer qu'ils ont réalisé des travaux dont la nature, la taille, la valeur et la complexité sont analogues à celles du projet concerné. Il existe trois critères principaux de post qualification :

- le Candidat doit avoir réalisé des travaux similaires comme (Entrepreneur principal ou sous-traitant) dont l'ordre de grandeur est approximativement celui du projet de marché ;
- selon la nature des travaux qui font l'objet de l'appel d'offres, le Candidat doit avoir réalisé un ou plusieurs projets d'une valeur convenable (précisée) sur une période donnée, généralement les trois à cinq dernières années ;
- les projets/travaux de référence ne doivent pas être commencés, mais achevés et leur valeur individuelle doit représenter au moins 60% du projet de marché.

(iii) Moyens en personnel.

La compétence technique d'une entreprise de travaux est largement liée à celle du personnel-clé sur le site. L'exigence imposée au soumissionnaire de démontrer qu'il dispose du personnel expérimenté devrait être limitée au personnel dont les compétences techniques et managériales sont essentielles.

Les critères de qualification devraient donc se limiter à un nombre restreint de ce personnel. Il peut être retenu, par exemple le directeur des travaux sur site et les adjoints qui seront responsables de composantes ou fonctions essentielles, le chef du bureau d'études, etc.

Il sera normalement demandé, aux Candidats, pour un marché de travaux de nommer un responsable et un suppléant à chaque poste clé. Les critères d'acceptabilité reposeront sur :

- un nombre minimum d'années d'expérience à un poste analogue ; et
- un nombre minimum d'années d'expérience et/ou un nombre minimum de projets comparables réalisés antérieurement en un nombre donné d'années.

Les Candidats seront invités à présenter des CV concis des postulants. Une exigence de formation spécifique ou de diplôme n'est normalement pas nécessaire pour de tels postes, étant donné que les entreprises de travaux emploient parfois des personnels formés sur le tas, autant que par formation universitaire.

(iv) Matériels disponibles.

La possession par l'Entrepreneur de matériel de construction représente une immobilisation de capital très important. En conséquence les soumissionnaires potentiels même très qualifiés ne possèdent pas toujours un stock d'éléments très onéreux en bon état de marche pour répondre aux marchés importants.

4) Analyser la capacité financière des Candidats.

Les capacités financières, qui ne peuvent revêtir qu'un caractère général, doivent permettre au Candidat de mener à bien le marché. Pour établir sa crédibilité financière, le Candidat peut se voir réclamer une attestation bancaire auprès d'une banque agréée, ainsi que les bilans ou extraits de bilans certifiés pour les deux ou trois dernières gestions.

L'Autorité contractante ne saurait imposer la production des chiffres d'affaires d'un certain nombre d'exercices, si cette exigence a pour effet de restreindre l'accès au marché, aux entreprises de création récente.

Par contre si l'Autorité contractante souhaite favoriser, leur l'accès, à ces marchés, elle peut leur permettre de prouver leur capacité financière par d'autres moyens. Il est possible de juger de leur capacité financière sur la base d'une déclaration appropriée de la « banque » accompagnée d'une attestation de ligne de crédit en phase avec les exigences du marché.

L'analyse de la capacité financière suppose une bonne connaissance de la liasse comptable, fiscale et sociale. Le bilan et les documents financiers annuels joints aux offres sont utilisés comme source d'informations destinées à confirmer la situation financière du Candidat. Il ne sert à rien de demander les bilans certifiés si on ne peut en tirer aucune information utile, notamment des ratios de solidité financière.

4.2.5 <u>Déroulement de la mise en concurrence.</u>

Pour recevoir des offres, une Autorité contractante a recours à un processus pour communiquer les exigences de sa commande ; ces exigences sont consignées dans l'avis d'Appel d'offres (AAO).

L'AAO est la publication faite par une l'Autorité contractante, pour informer les Candidats potentiels à un marché, des principales caractéristiques de ce dernier. Une fois le marché lancé, les Candidats ont un délai pour préparer et soumettre leurs offres.

4.2.5.1 <u>Demandes d'éclaircissements des Candidats.</u>

Pendant la période précédant la remise des offres, les Candidats peuvent demander des éclaircissements par rapport à certains contenus du Dossier d'appel à la concurrence. Ces demandes doivent parvenir dans un délai, correspondant au dernier tiers du délai pour la remise des offres, indiqué dans les DPAO :

- un délai de dix jours est recommandé si le dépôt des offres est fait au terme d'une publicité légale de trente jours pour un appel d'offres national;
- un délai de quinze jours est recommandé si le dépôt des offres est fait au terme d'une publicité légale de quarante-cinq jours, cas d'un Appel d'offres international ;
- un délai de vingt jours est recommandé si le dépôt des offres est fait au terme d'une publicité légale de soixante jours, pour les grands projets.

L'Autorité contractante ou son représentant répond par écrit dans un délai précédant la date limite de remise des offres, indiquée dans les DPAO. Le délai pour la réponse à des éclaircissements doit être dans la limite critique de six jours par rapport à la date de dépôt des plis.

Si les éclaircissements peuvent influencer le contenu des offres, un report de la date limite de remise des plis, égal au moins au temps de réponse de l'Autorité contractante, doit être accordé.

Ce faisant, l'Autorité contractante fait paraître un avis modificatif dans le journal qui avait la première publicité de l'Avis d'Appel d'offres, pour reporter la date de dépôt des plis.

L'Autorité contractante adresse dans les meilleurs délais une copie de sa réponse, en indiquant la question posée, mais sans mentionner son auteur, à tous les Candidats qui ont acheté ou reçu le Dossier d'appel à la concurrence.

4.2.5.2 Modifications du Dossier d'Appels d'offres.

A tout moment avant la date fixée pour la remise des offres, l'Autorité contractante peut modifier le Dossier d'appel à la concurrence en faisant paraître un avis modificatif dans le journal qui avait diffusé la première publicité de l'Avis d'Appel d'offres.

Les standards internationaux recommandent de saisir concomitamment par courrier tous les Candidats qui se sont procuré le Dossier d'appel à la concurrence.

Les modifications apportées au Dossier d'appel à la concurrence ne peuvent avoir pour objet ou pour effet d'avantager un Candidat. Elles doivent essentiellement concerner la rectification d'informations erronées ou leur actualisation et ne peuvent porter sur l'objet même du marché.

Enfin le dossier objet de rectifications doit être soumis à la Direction en charge du Contrôle de la passation des marchés publics s'il avait fait l'objet d'un examen préalable.

A la suite de l'Appel d'offres ouvert, il sera examiné quatre autres procédures de passation de marchés qui sont des dérivés de l'Appel d'offres ouvert pour les travaux, les biens et services physiques que sont :

- l'Appel d'offres avec Pré qualification (AOPQ)
- l'Appel d'offres ouvert en deux étapes (A2OE) ;
- l'Appel d'offres restreint (AOR) ;
- l'Appel d'offres sur concours en abrégé (AOC).

Le diagramme ci-dessous est applicable pour les appels d'offres ouverts pour l'acquisition de Fournitures-Travaux & Services physiques.

DIAGRAMME APPEL D'OFFRES OUVERT

Fournitures-Travaux & Services

DOCUMENTS REQUIS

PHASE I : EXAMEN DES DOSSIERS D'APPEL D'OFFRES

1. Lettre de couverture ou Rapport de présentation (1 exemplaire)
2. Projet de DAO (2 exemplaires)

Avis N° 1 DMP

PHASE II : EXAMEN DES RAPPORTS D'ANALYSE ET PROCES-VERBAUX D'ATTRIBUTION PROVISOIRE

1. Lettre de couverture ou Rapport de présentation (1 exemplaire) ;
2. DAO le cas échéant validé (2 exemplaires) ;
3. Le cas échéant, Avis N° 1 Direction des marchés publics (DMP) ;
4. Copie du support de publicité ;
5. Le cas échéant, additifs, éclaircissements et réponses (2 exemplaires) ;
6. Procès-verbal ouverture des plis (2 exemplaires) ;
7. Rapport d'évaluation (2 exemplaires) ;
8. Procès-verbal d'attribution (2 exemplaires) ;

Avis N° 2 DMP

PHASE III : EXAMEN JURIDIQUE ET TECHNIQUE

1. Lettre de couverture ou Rapport de présentation (1 exemplaire) ;
2. DAO le cas échéant validé (1 exemplaire) ;
3. Avis N° 2 Direction des marchés publics (DMP) ;
4. Procès-verbal d'attribution (2 exemplaires) ;
5. Attestation d'existence de crédit (1 exemplaire) ;
6. Projet de marché signé par les parties contractantes (2 originaux) ;

Avis N° 3 DMP

**** ***

CHAPITRE II

L'APPEL D'OFFRES AVEC PRÉQUALIFICATION

2.1 GÉNÉRALITÉS SUR LA PRE-QUALIFICATION

L'Appel d'offres avec pré qualification est une Procédure utilisée pour mener à bien des contrats de vastes projets de construction, de génie civil, de fourniture et d'installation d'équipements importants conçus sur mesure, avec des Entrepreneurs compétents.

La pré qualification peut être utilisée dans des projets sectoriels finançant des programmes annuels dans le cadre d'un plan pluriannuel d'investissements ou lorsqu'un certain nombre de contrats sont accordés par Appel d'offres et présentés comme base d'Accords-Cadres.

L'objectif de la pré qualification est de sélectionner les entrepreneurs ou fournisseurs dont la qualification et l'expérience réduiront le risque de non-exécution du marché.

2.1.1 Les avantages de la pré qualification.

La procédure de sélection par pré qualification permet d'encourager les mieux qualifiés à participer à la procédure, car, elle accroît leurs chances en réduisant le nombre de Candidats. Cela permet d'inciter ceux qui sont moins qualifiés à renforcer leur qualification en se groupant avec d'autres.

A ceux qui sont en lice, cette procédure ouvre la voie à des offres sérieuses, car les soumissionnaires prennent en compte qu'ils sont en concurrence avec d'autres Candidats qualifiés.

C'est aussi l'occasion pour l'Autorité contractante d'évaluer l'intérêt que suscite le marché auprès des entreprises qualifiées et d'adapter, en tant que de besoin, les DPAO en fonction du nombre et de la qualité des Candidats ; ce qui réduira le temps à consacrer à l'évaluation des offres, par rapport à celui d'un Appel d'offres ouvert.

2.1.2 Les inconvénients de la pré qualification.

La procédure de sélection de Candidats par pré qualification présente aussi des inconvénients qui ont trait au prolongement des délais globaux des phases de préparation et de passation du marché.

Une telle procédure nécessite l'examen des conditions de qualification de toutes les Candidatures, alors que la post qualification n'aurait exigé que l'examen des qualifications d'un seul Candidat (le moins-disant).

Le risque de collusion (possibilité d'entente sur les prix) entre un nombre limité de Candidats identifiés à la suite de la pré qualification est latent tout comme celui de la subjectivité lors de l'élimination de Candidats non qualifiés, ce qui pourrait nuire à la transparence et à l'impartialité de la procédure.

2.1.3 La procédure de la pré qualification.

Le dossier de pré qualification doit fournir une base claire qui permettra d'évaluer les Candidats potentiels, sur des critères équitables et transparents. La documentation recherchée devra toujours être pertinente, clairement exposée et pour ne pas dissuader les Candidats potentiels, ne pas imposer un fardeau excessif de préparation ou de paperasserie. La pré qualification sera refusée aux Candidats potentiels ne répondant pas aux aspects cruciaux des critères précisés.

2.1.3.1 Informations de base sur la pré qualification.

L'Autorité contractante a la charge de préparer le dossier de pré qualification et d'évaluer les Candidats. Elle est donc tenue de s'assurer que les critères de sélection sont définis en conformité avec les besoins appropriés du projet et qu'ils sont équilibrés et suffisamment rigoureux pour faire en sorte que seules les entreprises correctement qualifiées seront dans sa liste finale.

La pré qualification étant une phase préliminaire dans un processus d'attribution d'un marché à un Candidat compétent, l'Autorité contractante doit être à même de vérifier les déclarations faites par les Candidats et de demander des informations à des Maîtres d'ouvrage antérieurs et adopter une approche plus *« inclusive » qu'« exclusive »*.

Des critères trop *«peu contraignants»* peuvent attirer un nombre excessif de Candidats non suffisamment qualifiés et, dans le même temps, dissuader les entreprises les mieux qualifiées à soumissionner et susciter la présentation d'offres bon marché par des Candidats sous-qualifiés.

2.1.3.2 Critères à remplir en Pré qualification.

a. Le statut légal des Candidats.

Les Candidats peuvent être invités à fournir les documents sur la constitution de leur société et des critères pourront y être attachés.

b. L'expérience générale des Candidats.

Les capacités générales du Candidat doivent être justifiées en se référant à son expérience actuelle dans le domaine et à la valeur des travaux entrepris.

Les spécifications minimales relatives à l'expérience sont généralement exprimées en valeur annuelle (chiffre d'affaires) des réalisations au cours d'une période donnée, par exemple sur une période de trois à cinq ans.

Pour certains marchés, le critère du chiffre d'affaires peut être remplacé ou complété par les demandes d'indication des travaux, des fournitures et services réalisés sur une période donnée, en termes physiques (par ex. : le volume des travaux de terrassement réalisés, etc.)

Les attestations et les certificats de satisfecit déposés peuvent être discutables pour l'évaluation des capacités des Candidats et ces pièces ne sont pas toujours disponibles. Cependant, l'Autorité contractante ou Maître d'Ouvrage peut demander la remise de copies de certificats d'achèvement, des lettres de références lorsqu'elles existent, pour apporter la preuve d'une expérience fructueuse.

c. <u>L'expérience particulière des Candidats.</u>

Les Candidats doivent démontrer qu'ils ont réalisé des travaux dont la nature, la taille, la valeur et la complexité sont analogues à celles du projet concerné.

Chaque Candidat doit avoir réalisé des travaux similaires à quelque titre que ce soit (Entrepreneur principal ou sous-traitant) dont l'ordre de grandeur minimum est approximativement le même que celui du marché sur lequel porte la pré qualification.

Selon la nature des travaux qui font l'objet de l'Appel d'offres, le Candidat doit avoir réalisé un ou plusieurs projets d'une valeur convenable (précisée) dans une période donnée, généralement au cours des trois à cinq dernières années.

Par exemple, lorsque le marché porte sur des travaux importants de terrassement, de creusement de tunnel ou de bétonnage, le Candidat doit démontrer qu'il a une expérience de ces opérations.

Les travaux de référence ne doivent pas être en cours, mais achevés dans la période de temps indiquée. La valeur individuelle de ces travaux antérieurs doit par exemple représenter au moins 60% du coût estimé du marché à réaliser.

d. <u>Obligations ou engagements des Candidats.</u>

Des Entrepreneurs et Fournisseurs qualifiés peuvent avoir d'importantes obligations, en cours, susceptibles de limiter voire d'épuiser leurs ressources pour la mise en œuvre du futur marché. Il importe dans ce cadre de demander aux Candidats de fournir des informations sur leurs obligations contractuelles en cours.

Un nombre important d'engagements en cours, devant être poursuivis durant la période prévue pour la réalisation du projet, peuvent affecter sa bonne exécution.

e. <u>Les moyens en personnel des Candidats.</u>

La compétence technique d'une entreprise de travaux est largement liée à celle du personnel-clé commis sur le chantier. L'exigence imposée au Candidat de démontrer qu'il dispose du personnel expérimenté devra être limitée au personnel dont les compétences techniques et managériales sont essentielles.

Les critères de qualification devraient donc se limiter à un nombre restreint de ce personnel, par exemple le directeur des travaux sur site et les adjoints qui sont responsables de composantes ou de fonctions essentielles, le chef du bureau d'études, etc.

Les critères d'acceptabilité du personnel-clé reposeront sur :

- un nombre minimum d'années d'expérience à un poste analogue ;
- un nombre minimum d'années d'expérience et/ou un nombre minimum de projets comparables réalisés antérieurement.

Les Candidats pourront être invités à présenter des Curricula vitae concis pour le personnel-clé et ceux de leurs suppléants. Il est utile de préciser que certains postes seront réservés à des personnes ayant occupé des fonctions avec des responsabilités comparables en entreprise à celles attendues, dans le cadre du marché.

Ceci, pour s'assurer que le personnel-clé, qui occupera des postes de cadres sur le site, connaît bien les pratiques, les rouages décisionnels, les procédures de gestion de l'entreprise, lui permettant de travailler la fermeté et l'autorité souhaitables.

f. <u>Les moyens matériels des Candidats.</u>

La possession par l'Entrepreneur de matériel de construction représente une immobilisation capitale très importante. Des Candidats potentiels, même très qualifiés ne possèdent pas toujours un stock d'éléments très onéreux en bon état de marche pour répondre aux marchés importants.

Dans la plupart des situations, les Candidats peuvent rapidement acheter du matériel, le prendre en crédit-bail ou en location. Il n'est donc pas opportun pour la pré qualification de la restreindre au matériel déjà en possession d'une entreprise candidate.

On limitera donc les critères de type acceptable ou non acceptable uniquement au matériel très important ou spécialisé essentiel pour le type de projet à mettre en œuvre et qu'il pourrait être difficile au Candidat de se procurer rapidement. De tels exemples pourraient être : *des moyens de levage exceptionnels, des barges pour construction de pieux, des dragues, des unités de malaxage d'asphalte ou des tunneliers.*

Pour de tels matériels, les Entrepreneurs pourraient ne pas posséder ce matériel en propre et s'appuyer sur des sous-traitants spécialisés ou des loueurs de matériels. Dans un cas pareil, la disponibilité du sous-traitant et du matériel spécifié doit faire l'objet d'une vérification (lors de la pré qualification ou lors de la soumission de l'offre, faire valoir un contrat de location signé pour une période couvrant l'exécution totale du projet).

g. Capacité technique des Candidats.

Pour les marchés comportant la fourniture de véhicules ou d'équipements spécialisés, tels que les centrales électriques, turbines à vapeur ou un grand nombre de véhicules standardisés (berlines, stations wagons ou doubles cabines), il peut être essentiel de déterminer si chaque Candidat a, pour le matériel qu'il propose de fournir, la capacité de le produire ou de le mettre à disposition dans la période de temps demandée.

Le critère de qualification qui s'attache à la capacité de production devra être fixé à un niveau garantissant que la capacité de production installée et la capacité disponible (des commandes en cours) des concessionnaires ou constructeurs.

Ce critère permettra de répondre au volume de fournitures attendu. Selon la nature du matériel à soumettre, les constructeurs devront démontrer qu'ils ont une capacité de production supérieure à celle requise pour le contrat prévu, libre de tout engagement pour la période de temps donnée.

h. La situation financière des Candidats.

L'Autorité contractante ou Maître d'ouvrage demande en principe aux Candidats de lui fournir les renseignements financiers généraux certifiés par les cabinets d'expertise comptable, pour les trois derniers exercices qui précèdent l'année de lancement de la consultation.

Il est tout aussi utile de disposer des noms et adresses du ou des banquiers du Candidat et une autorisation adéquate permettant la vérification des renseignements transmis quant à leurs engagements financiers à l'accompagner.

Les renseignements financiers fournis par un Candidat doivent être examinés dans leur totalité et c'est sur cette base que la décision de conformité ou de non-conformité relative à sa situation financière doit être prise.

Pour faciliter cet examen, les indicateurs les plus souvent utilisés (*pour la post- qualification ou pour la pré qualification des Candidats*), sont le fonds de roulement, le besoin en fonds de roulement et le patrimoine net, etc.

(i) Capacité du Candidat à dégager un fonds de roulement

Le fonds de roulement est la différence entre l'actif et le passif courant ou la différence entre l'actif et le passif d'exploitation et permet de mesurer la capacité d'un Candidat à avoir des disponibilités à court terme.

L'Autorité contractante prendra en compte le fait que l'actif courant ou encore actif d'exploitation concerne essentiellement les liquidités qui sont convertibles en espèces au cours d'une année (les stocks, les produits, travaux, prestations et services en cours, les créances clients et autres créances d'exploitation y compris les acomptes versés sur les commandes.)

Par contre, le passif circulant ou passif d'exploitation renvoie aux créances, aux charges à payer, à la dette à long terme échéant à moins d'un an (les avances et acomptes reçus sur commandes en cours, les dettes fournisseurs et autres dettes d'exploitation).

Le fonds de roulement représente une ressource durable et destinée à financer les investissements et emplois nets du cycle d'exploitation.

Le fonds de roulement sert à financer en partie le besoin en fonds de roulement (BFR), qui, en résumé, représente les éléments indispensables pour démarrer et maintenir le cycle d'exploitation du Candidat (l'acquisition des intrants, la paie des salariés, etc.).

La prise en charge de ces dépenses s'effectue souvent avant le règlement des produits fabriqués ou vendus par le Candidat : les dépenses générées par l'activité du Candidat précèdent donc les recettes issues des prestations.

C'est parce que les décaissements précèdent les encaissements qu'il existe un besoin de financement. On peut interpréter la situation d'un Candidat en étudiant son niveau en fonds de roulement :

- un fonds de roulement supérieur à 0, montre que les emplois durables sont intégralement financés par des ressources stables ; la société est dans une bonne situation ;
- un fonds de roulement inférieur à 0 de façon ponctuelle : cela indique un déséquilibre des financements ;
- un fonds de roulement inférieur à 0 de façon chronique signale un risque d'insolvabilité.

Si le fonds de roulement finance l'intégralité du besoin en fonds de roulement, le Candidat dégage une trésorerie nette (TN) positive.

A l'inverse, si le besoin en fonds de roulement est supérieur au fonds de roulement, le Candidat utilise des ressources « à court terme » pour financer une partie de son besoin en fonds de roulement.

(ii) Le ratio de liquidité générale

Pour juger de l'adéquation du fonds de roulement, il est possible de recourir au Ratio de liquidité générale qui est égale au rapport :

Ratio de liquidité générale= Actif courant/ Passif courant
ou
Ratio de liquidité générale= Actif exploitation/Passif exploitation

Il est généralement admis que le ratio pour être apprécié doit être selon les écoles une côte égale à 1 ou 1,5.

L'analyse du ratio de liquidité générale peut donc, constituer un élément essentiel de l'approche prudentielle du risque de liquidité. En effet, si le ratio de liquidité générale obtenu est :

- supérieur à 1, cela signifie, que le Candidat dispose, de liquidités pour s'acquitter d'un préfinancement des prestations objet du marché ;
- inférieur à 1, cela veut dire que le Candidat n'est pas en mesure de régler ses engagements à court terme et sa capacité financière doit être considérée avec beaucoup de circonspection.

Normalement, les entreprises de bâtiment ont des inventaires réduits et leurs effets à recevoir sont faciles à recouvrer ; elles peuvent donc fonctionner en toute sécurité avec un faible ratio de liquidité générale. Un autre mode de calcul de la liquidité sous forme de ratio sont :

$$\textbf{Le ratio liquidité réduite} = \frac{\textbf{(Actifs circulants - stocks)}}{\textbf{Passif exigible à court terme}}$$

(iii) Le besoin en fonds de roulement (BFR).

Le besoin en fonds de roulement (BFR) est la mesure des ressources financières qu'une entreprise doit mettre en œuvre pour couvrir le besoin financier résultant des décalages des flux de trésorerie correspondant aux décaissements (dépenses pour l'exécution du marché) et aux encaissements (paiement des prestations de biens et services) liés à son activité.

Le besoin en fonds de roulement est généralement appelé « ressource en fonds de roulement » lorsqu'il est négatif.

De façon générale, le besoin en fonds de roulement se définit comme la différence entre l'actif d'exploitation (stocks + réalisables) et le passif d'exploitation (dettes d'exploitation court terme) considérés au sens large.

BFR = (stocks + réalisables) – (dettes exploitation court terme)

Le niveau du besoin en fonds de roulement découle de trois cas de figure possibles :

- **s'il est positif** : les emplois d'exploitation de l'entreprise sont supérieurs aux ressources d'exploitation. L'entreprise doit financer ses besoins à court terme soit à l'aide de son excédent de ressources à long terme (fonds de roulement), soit à l'aide de ressources financières complémentaires à court terme, comme les concours bancaires ;
- **s'il est nul :** les emplois d'exploitation de l'entreprise sont égaux aux ressources d'exploitation ; l'entreprise n'a pas besoin d'exploitation à financer de manière externe, puisque le passif circulant suffit pour financer l'actif circulant ;
- **s'il est négatif :** les emplois d'exploitation de l'entreprise sont inférieurs aux ressources d'exploitation: l'entreprise n'a pas de « besoin d'exploitation » à financer, puisque le passif circulant excède les besoins de financement de son actif d'exploitation; elle n'a donc pas besoin d'utiliser ses excédents de ressources à long terme (FR) pour financer d'éventuels besoins à court terme.

(iv) Patrimoine net ou fonds propres.

Le patrimoine net ou fonds propres sont aussi appelés capitaux propres. En comptabilité, les fonds propres sont les ressources (passif) d'une entreprise qui appartiennent à ses actionnaires, par opposition aux dettes vis-à-vis des Fournisseurs ou de banques.

Les Fonds propres se composent du capital social, des réserves et du report à nouveau (correspondant aux bénéfices qui n'ont pas été redistribués en dividende), et du résultat net.

Fonds propres= capital + réserves + report à nouveau + résultat net

Une autre manière d'appréhender les capitaux propres consiste à dire qu'il s'agit de la valeur totale des actifs (terrains, usines, machines, marques rachetées, créances, trésorerie, etc.) diminuée du total des dettes. L'autre nom du patrimoine net ou fonds propre est « l'actif net comptable ».

L'actif net comptable (ANC) est utilisé pour déterminer la valeur d'une entreprise en additionnant la valeur réelle de tous ses biens, dont on retranche l'ensemble des dettes. L'actif d'une entreprise représente la somme de ce qu'elle possède comme biens mobiliers et immobiliers. La formule de calcul de l'actif net comptable est :

Actif net comptable = Actif immobilisé + actif circulant – dettes.

L'actif immobilisé (immobilisations incorporelles des immobilisations corporelles et des immobilisations financières) correspond aux éléments qui, tel l'outil de travail, sont destinés à rester durablement.

L'actif circulant est composé des stocks, des créances clients et autres, des placements financiers court terme et du disponible de l'entreprise du Candidat.

Les dettes sont égales aux engagements que le Candidat doit exécuter envers ses créanciers, qu'il s'agisse des Fournisseurs, des organismes sociaux, de l'État, etc.

L'utilité des fonds propres est d'assurer la solvabilité du Candidat.

Les fonds propres, ou capitaux propres ont plusieurs avantages pour l'entreprise. Le principal est de représenter un matelas de sécurité pour les créanciers du Candidat.

En absorbant les pertes en période de difficultés, ils garantissent une croissance durable. S'ils sont suffisants, ils vont aider le Candidat à emprunter ou obtenir des délais de règlement plus avantageux.

Plus les capitaux propres sont importants, plus le Candidat peut sécuriser ses relations à long terme avec tous ses partenaires : créanciers, fournisseurs, clients ou salariés.

Toute irrégularité ou caractéristique anormale des indicateurs ou des ratios susmentionnés doivent attirer l'attention de l'Autorité contractante sur les problèmes financiers qui peuvent se poser et sur la nécessité d'une étude plus approfondie et d'une interprétation par un expert.

L'Autorité contractante doit avoir la conviction que les Candidats, lors de l'attribution, disposeront des ressources financières pour le projet d'acquisition de manière satisfaisante. Aussi, la pré qualification doit être suivie d'une actualisation des informations lors du dépôt des offres.

Les critères de qualification relatifs aux flux de trésorerie renseignent sur la capacité du Candidat à préfinancer les flux de trésorerie estimatifs attendus de l'Autorité contractante sur une période «critique» donnée. En effet, l'Autorité contractante peut être dans l'incapacité de payer les sommes dues au titre des décomptes, le Candidat futur Entrepreneur ou titulaire du marché doit être en mesure de continuer ses activités sans grand dommage.

En d'autres termes, cela correspond à la capacité du Candidat à tenir un certain temps (exprimé en mois, au plus trois) sans recevoir de ressources du maître d'ouvrage.

Le montant estimé (environ 30% du montant du marché) correspond aux liquidités dont doit disposer le Candidat. Les Candidats devront donc démontrer leur accès à des moyens financiers pour répondre aux besoins de trésorerie spécifiés, indépendamment des possibilités connues à la date d'attribution. Ce critère est à indiquer dans le dossier de pré qualification. Une ligne de crédit est à même de satisfaire ce critère.

La ligne de crédit est une autorisation (ou un droit de tirage) accordée par une banque à un emprunteur (qui peut être un titulaire de marché) de tirer des fonds jusqu'à un plafond fixé et pendant une période donnée.

Le montant de la ligne de crédit (MLC) peut être calculé en fonction du montant estimé du marché et la durée d'exécution prévue. La formule suivante peut **être utilisée** :

MLC (pour trois mois)= **[(Montant marché (TTC) - 20% avance démarrage) x 3]**
Durée de l'exécution du marché

Le **montant** ainsi obtenu pour la ligne de crédit trimestrielle. A ce montant, il convient d'ajouter un pourcentage (5 et 10%) pour ne pas permettre des calculs par récurrence pour retrouver le montant estimatif du marché.

i. **Appréciation des antécédents et litiges dans lesquels les Candidats.**

Les Candidats qui lors de l'exécution de marchés antérieurs ont fréquemment eu recours à des arbitrages ou à des procès qui se sont soldés par le versement de dommages ou un jugement contre eux, où ceux qui ont été fréquemment défaillants ne doivent pas être qualifiés. Il convient donc d'évaluer les antécédents de litiges et de non-exécution.

2.2 MISE EN ŒUVRE DE LA PROCÉDURE DE PRE-QUALIFICATION.

La procédure de l'Appel d'offres ouvert avec pré qualification est déroulée ainsi qu'il suit :

2.2.1 Préparation du Dossier de pré qualification.

L'Autorité contractante établit un Dossier d'Appel à candidatures sur la base des éléments précédents relatifs aux critères de qualification types. Lorsqu'un marché peut être divisé en marchés individuels (lots ou tranches), les Candidats peuvent être invités à se pré-qualifier pour chaque marché spécifique, ou pour un ensemble de marchés.

Les Candidats seront préqualifiés pour une limite donnée, soit par valeur cumulée soit par nombre de marchés, selon leurs compétences reconnues. Un Candidat peut être autorisé à présenter une offre pour un ou des lots dans la limite de valeur pour laquelle il est pré-qualifié. L'Autorité contractante soumet pour avis, le Dossier de pré qualification finalisé, à la Direction en charge du Contrôle de la passation des marchés publics.

2.2.1.1 La publication d'un avis à candidatures.

A la suite de l'avis favorable de la Direction en charge du Contrôle de la passation des marchés publics sur le dossier d'appel à candidatures, l'Autorité contractante publie un avis de pré qualification dans les mêmes conditions que l'avis d'Appel d'offres ouvert avec un temps de réponse suffisant.

Le délai de présentation des candidatures ne devra pas être inférieur à 30 jours à compter de la publication de l'avis.

Le délai de préparation et de présentation des candidatures pour un projet spécifique dépendra de sa nature et de sa complexité. Il est fortement recommandé d'envoyer le dossier de pré qualification gratuitement, en format électronique dans la mesure du possible.

2.2.1.2 Eclaircissements et Dossier pré qualification.

Les Candidats, à l'instar des dispositions pour la procédure d'appel d'offres ouvert, peuvent demander des éclaircissements sur des points du dossier de pré qualification ou du processus de pré qualification auprès de l'Autorité contractante ou Maître d'Ouvrage.

L'Autorité contractante répondra normalement aux demandes d'éclaircissement une semaine avant la date limite de soumission de la candidature. Des copies de la réponse l'Autorité contractante sont envoyées à tous les candidats potentiels. Les correspondances échangées entre l'Autorité contractante et les Candidats seront par écrit.

Lorsque les circonstances le justifient (généralement, pour des projets de très grande envergure ou très complexes), une réunion d'éclaircissements sera tenue pour répondre clairement aux questions des Candidats potentiels relatives aux documents ou au projet.

Dans cette hypothèse, tous les Candidats ayant obtenu le dossier de pré qualification recevront au moins deux semaines avant la date de soumission, une copie du compte-rendu de la réunion reprenant toutes les informations supplémentaires et/ou les modifications apportées aux conditions ou à la procédure de pré qualification, faisant suite à la réunion.

Pour faciliter l'examen et l'évaluation des Candidatures, l'Autorité contractante a toute latitude pour demander à un Candidat des clarifications sur sa demande jusqu'à la communication du résultat de la pré qualification.

2.2.1.3 <u>Amendement des documents de pré qualification.</u>

L'Autorité contractante peut, à tout moment avant la date limite de dépôt des candidatures, modifier les conditions ou la procédure de pré qualification en publiant un amendement au dossier de pré qualification.

Tous les amendements feront l'objet d'un examen et d'un avis de la Direction en charge du Contrôle de la passation des marchés publics avant que les Candidats n'en soient informés. Afin de donner aux Candidats éventuels un délai raisonnable pour la prise en compte d'un amendement, l'Autorité contractante pourra reporter la date limite de dépôt des candidatures.

2.2.1.4 <u>Dépôt du dossier de Pré qualification.</u>

Chaque Candidat répondant au critère de la pré qualification peut remettre un dossier de candidature aux heures et date indiquées dans l'Avis d'appel à candidatures et en tenant compte des éventuelles prolongations. Il n'est pas nécessaire de recourir à un système de deux enveloppes pour le dépôt des demandes de pré qualification.

La pré qualification précède l'envoi des invitations à soumissionner, donc, la soumission simultanée des dossiers de pré qualification et d'Appel d'offres en enveloppes séparées, va à l'encontre des objectifs clés de la pré qualification.

2.2.1.5 <u>Dossiers de candidature hors délais.</u>

Au cours de la pré-qualification l'Autorité contractante ne peut accepter des candidatures tardives au risque de compromettre le jeu de la concurrence. Même si par ailleurs la prise en compte de ces dossiers pourrait être de nature à ouvrir largement les bases de la pré qualification.

2.2.1.6 Le rapport de la pré qualification.

L'Autorité contractante évaluera les candidatures reçues et préparera un rapport qui sera soumis à la Direction en charge du Contrôle de la passation des marchés publics pour examen. Il s'appuiera pour l'évaluation des dossiers de pré qualification sur le modèle type adopté par l'ARMP.

L'Autorité contractante, sur la base de l'examen par la Commission des marchés, des dossiers de candidatures reçus au regard des critères de qualification préalablement définis, retient tous les Candidats remplissant les conditions requises.

L'examen de la qualification des Candidats s'effectue exclusivement en fonction de leur aptitude à exécuter le marché de façon satisfaisante et selon les critères indiqués dans le dossier de pré qualification.

Pour les litiges, une candidature ne sera rejetée si et seulement si le Candidat présente des antécédents de non-exécution régulière de ses marchés. Si des Candidats sont pré-qualifiés, les raisons de cette décision et ces conditions doivent être clairement exposées dans le rapport. Il conviendra aussi de souligner et expliquer la disqualification des Candidats qui n'ont pas satisfait aux critères préétablis.

Le rapport d'analyse des candidatures est soumis à la Direction en charge du Contrôle de la passation des marchés publics qui a la possibilité de demander le bien-fondé de la justification de la décision et/ou demande d'autres informations ou des éclaircissements ; elle peut être amenée à demander de la réviser.

2.2.1.7 L'absence de concurrence.

Si le résultat de la pré qualification révèle une absence de concurrence, le Maître d'Ouvrage en consultation avec la Direction en charge du Contrôle de la passation des marchés publics révisera le dossier de pré qualification. Cette révision peut inclure une révision de l'étendue des prestations, des termes contractuels ou de l'état de qualification.

2.2.1.8 Avis et résultats de la pré qualification.

Une fois que l'Autorité contractante aura traité et évalué les soumissions de pré qualification et reçu la notification de la Direction en charge du Contrôle de la passation des marchés publics de sa « Non-objection » sur les résultats de l'évaluation, elle avertira les Candidats de sa décision.

L'avis envoyé à l'ensemble des Candidats comportera une liste complète des entreprises ou sociétés qualifiées.

L'avis envoyé à un Candidat disqualifié exposera les raisons précises du rejet de sa candidature. Dans tous les cas, l'avis indiquera que la pré qualification sera suivie d'une vérification au moment de l'attribution du marché et que les offres seront rejetées par l'Autorité contractante, à sa discrétion au cas où elle ne donne pas satisfaction ou si le Candidat n'est pas en mesure de confirmer les exigences spécifiées.

2.2.1.9 Actualisation informations pré qualification.

Plutôt que reprendre une procédure de pré qualification, s'il s'est écoulé un temps relativement trois à six mois sans que l'Autorité contractante ne puisse lancer la procédure d'appel d'offres, les situations pouvant évoluer les marchés ne doivent être attribués qu'aux seuls Candidats qui continuent de satisfaire aux conditions requises pour la pré qualification. Pour ce faire, l'Autorité demandera aux différents candidats de réactualiser leurs dossiers.

Le Dossier d'appel à la concurrence précisera alors, les points essentiels des informations soumises avec le dossier de pré qualification qui doivent être actualisés avec l'offre. L'Autorité contractante devra s'assurer si les Candidats possèdent toujours les capacités et les moyens financiers exigés.

2.2.1.10 Renouvellement de la pré qualification.

Dans le cas d'une attente de plus de 12 mois pour la lettre d'invitation à soumissionner après la date limite des demandes de pré qualification, l'Autorité contractante, après avoir consulté de la Direction en charge du Contrôle de la passation des marchés publics, relancera la pré qualification pour que de nouveaux Candidats puissent exprimer leur intérêt et les entreprises précédemment pré-qualifiées seront invitées à actualiser leurs informations de qualification.

2.3 Eléments pour une présélection d'entrepreneurs

2.3.1 Titre de la présélection : ______________________

2.3.2 Instructions aux Candidats

2.3.3 Structure et organisation de l'Entreprise

Nom adresse, numéro de téléphone, nombre d'années d'expérience en qualité entreprise générale, si entreprise en cotraitance (noms et adresse des associés) ;

2.3.4 Déclaration financière

Capital (autorisé ou émis) ; valeur annuelle des travaux de construction entrepris durant chacune des 5 dernières années et projetés pour l'année en cours. Bilan certifié de chacune des trois dernières années ; noms et adresses des banques pouvant fournir des références.

2.3.5 <u>Ressources en personnel</u>

En personnel technique donnez la position actuelle, le nombre d'années d'expérience dans l'Entreprise/dans les travaux de construction, nombre de travaux importants menés par chaque membre (type et valeur).

En personnel administratif, donnez la position actuelle, le nombre d'années d'expérience dans l'Entreprise, nombre de missions importantes menées ou coordonnées (type et valeur). Capacités linguistiques en rapport avec le projet.

2.3.6 <u>Ressources en équipements</u>

Les principaux équipements et installations que l'Entreprise considère comme nécessaires à la mise en œuvre du projet. Indiquez si l'entreprise les possède déjà où s'ils seront achetés ou loués.

2.3.7 <u>Expérience géographique</u>

Indiquez les pays ou ces travaux analogues au projet ont été entrepris.

2.3.8 <u>Expérience réalisation de projets similaires</u>

Donnez les renseignements sur les projets analogues achevés pendant les cinq dernières années.

2.3.9 <u>Expérience projets en cours de réalisation</u>

Situation géographique et description des travaux, pourcentage de participation de l'Entreprise dans les travaux, valeur exécutée et certifiée, date fixée pour l'achèvement des travaux.

2.3.10 <u>Renseignements complémentaires</u>

DIAGRAMME APPEL D'OFFRES AVEC PRE-QUALIFICATION

Fournitures-Travaux & Services

DOCUMENTS REQUIS

PHASE 2.1 : EXAMEN DU DOSSIER D'APPEL A LA CONCURRENCE

1. Lettre de couverture ou Rapport de présentation (1 exemplaire)
2. Projet de Dossier d'Appel à la Concurrence (2 exemplaires)

Avis N° 2.1 DMP

PHASE 2.2 : EXAMEN DES RAPPORTS D'ANALYSE ET PROCES-VERBAUX DE PRE-QUALIFICATION

1. Lettre de couverture ou Rapport de présentation (1 exemplaire) ;
2. Copie des lettres adressées aux candidats non retenus (1 exemplaire) ;
3. Copie des lettres d'invitation aux candidats retenus (1 exemplaire) ;
4. Dossier de pré-qualification le cas échéant, validé (2 exemplaires) ;
5. Le cas échéant, Avis N° 1.2 Direction des marchés publics (DMP) ;
6. Dossier d'appel à la concurrence le cas échéant, validé (2 exemplaires) ;
7. Le cas échéant, Avis N° 2.1 Direction des marchés publics (DMP) ;
8. Le cas échéant, additifs, éclaircissements et réponses (2 exemplaires) ;
9. Procès-verbal ouverture des plis (2 exemplaires) ;
10. Rapport d'évaluation (2 exemplaires) ;
11. Procès-verbal d'attribution provisoire (2 exemplaires) ;

Avis N° 2.2 DMP

PHASE 2.3 : EXAMEN JURIDIQUE ET TECHNIQUE

1. Lettre de couverture ou Rapport de présentation (1 exemplaire) ;
2. Dossier d'Appel à la Concurrence, le cas échéant validé (1 exemplaire) ;
3. Procès-verbal d'attribution provisoire (1 exemplaire) ;
4. Avis N° 2.2 Direction des marchés publics (DMP) ;
5. Attestation d'existence de crédit (1 exemplaire) ;
6. Projet de marché signé par les parties contractantes (2 originaux) ;

Avis N° 3 DMP

CHAPITRE III

L'APPEL D'OFFRES EN DEUX ÉTAPES

3.1 POURQUOI UN APPEL D'OFFRES EN DEUX ÉTAPES.

Pour avoir recours à l'Appel d'offres ouvert en deux étapes, il faut que :

- l'objet du marché présente une grande complexité ou ;
- l'Autorité contractante souhaite faire son choix sur la base de critères de performance et non de spécifications techniques ;
- l'Autorité contractante ait défini ses besoins, mais n'est pas en mesure de décrire la solution technique nécessaire à la réalisation de son projet d'acquisition ;
- l'Autorité contractante ait défini ses besoins en termes d'objectifs ou de performances, mais souhaite bénéficier des solutions techniques innovantes.

Exemple 1 : Construction des terminaux pour TER (Train express Régional)
Construction des terminaux pour TER (Train Express Régional) pour la desserte de l'aéroport international Blaise DIAGNE (AIDB) et des voies de communication y afférentes, pouvant donner lieu à plusieurs solutions techniques ou à différents choix de sites compte tenu de contraintes environnementales ou d'urbanisme.

Le recours à la procédure d'Appel d'offres en deux étapes doit donc être évalué au cas par cas. Elle n'est pas une procédure de qualification des entreprises en vue de l'attribution de contrats de travaux, de fournitures ou services.

Il s'agit plutôt d'une modalité d'attribution qui permet à l'Autorité contractante de sélectionner, lors de la première étape, les entreprises ayant la compétence et la capacité de réaliser le projet. Il ne doit pas être utilisé dans le but d'écarter ou de favoriser un Candidat.

Un Appel d'offres en deux étapes, se fait exclusivement sur la base de critères d'évaluation qui doivent être utilisés afin de permettre d'évaluer la compétence et la capacité d'un Candidat à exécuter le projet.

3.1.1 Élaboration du Dossier d'Appel des offres techniques.

3.1.1.1 Concertations sur la définition des besoins.

La première phase consiste à lancer un Appel d'offres en vertu duquel l'Autorité contractante invite les Candidats potentiels à présenter des offres techniques comportant les conceptions et les études sans aucune indication sur les prix, et ce, sur la base de l'esquisse du besoin établie, avec l'appui de « son équipe projet ».

Lors de l'établissement du dossier, l'Autorité peut se faire conseiller ou recueillir des informations auprès des entreprises évoluant dans différents secteurs qui intéressent le projet pour mieux étayer ses besoins. Du fait de la complexité du projet, l'Autorité doit :

- mettre en place une équipe du projet, associant diverses compétences au sein de sa structure ou à ses côtés, afin de maîtriser tous les éléments du besoin, puis pour garantir l'élaboration d'un Dossier de concurrence de haute qualité.
- procéder ou faire procéder à des études approfondies de faisabilité avant le lancement de la procédure : la description préalable des besoins en termes qualitatifs et la justification des options possibles permettront la définition précise des critères de sélection des concurrents et d'appréciation ultérieurs des offres.

La « phase de réflexion préalable » pour l'élaboration du Dossier de concurrence doit être menée avec une grande rigueur, pour :

- d'une part, d'éviter par la suite des éclaircissements tardifs générateurs d'allongement de délais ;
- et d'autre part de fournir aux Candidats une information précise et fiable quant aux besoins et objectifs poursuivis pour leur permettre de préparer leurs offres de façon satisfaisante pendant la première étape de la consultation.

L'une des règles essentielles à observer dans l'établissement du Dossier d'appel à la concurrence est d'éviter les spécifications techniques ; exiger plutôt des niveaux de performance (mesurables) en se focalisant sur :

- un minimum de trois critères permettant de sélectionner toutes les entreprises ayant la compétence et la capacité de réaliser le projet ;
- chacun des critères devra être analysé sous l'angle de ce qu'il apporte à l'analyse et de plus il doit pouvoir être évaluable à partir d'un écrit ;
- chacun des critères doit être associé aux objectifs poursuivis pour la réalisation du projet.

Les critères retenus doivent être clairs sur les attentes face aux Candidats, en basant l'analyse sur des éléments observables ou mesurables. Ils peuvent se rapporter au nombre d'années d'expérience du titulaire, même si le nombre d'années d'expérience peut être pertinent si les marchés avaient été réalisés avec succès ; à l'expérience sur des projets « similaires » au moins trois projets du même type que le marché envisagé au cours des deux dernières années.

3.1.2 Déroulement de l'appel d'offres en deux étapes.

3.1.2.1 La première phase de la procédure.

Sur la base de la ou des solutions retenues, l'Autorité contractante peut établir un seul dossier d'Appel auquel se référeront tous les Candidats ; ou accepter plusieurs solutions dont chacune fera l'objet d'un Dossier d'Appel d'offres, chaque Candidat pourra déposer une offre et une seule en fonction d'un des Dossiers d'appel à la concurrence publiés.

Le ou les Dossiers d'appel à la concurrence devra (ont) être soumis au préalable à la Direction en charge du Contrôle de la passation des marchés publics pour avis.

En fonction du choix qu'elle aura fait, en ce qui concerne le ou les Dossiers d'appel à la concurrence, l'Autorité contractante invite les Candidats à remettre leur offre technique, dans un délai qui ne peut être inférieur à 30 jours.

Attention

Une multiplicité des Dossiers d'appel à la concurrence entraîne un surcroît de travail et nécessite des services pointus de plusieurs experts.

a. Gestion de l'information et élaboration des offres.

La période entre la diffusion des Dossiers d'appel à la concurrence et la date de réception des offres est délicate. En effet, si la qualité et la clarté des Dossiers d'appel à la concurrence réduisent les besoins d'explications et d'informations complémentaires, elles ne les suppriment pas totalement.

Les Candidats peuvent avoir des questions à poser. Bien que les règles énoncées ci-dessous soient dans les Dossiers types. Il n'est pas redondant de faire un rappel : pour éviter, tout risque de discrimination :

- désigner clairement la personne qui peut réceptionner les questions convoquer les membres du projet et répondre aux demandes d'éclaircissement dans les délais impartis ;
- imposer les questions et réponses soient adressées par écrit ;
- fixer une date limite au-delà de laquelle les questions ne seront plus prises en considération (appliquer la règle du dernier tiers) ;
- diffuser systématiquement les questions et les réponses à tous les Candidats en lice ;
- si les questions posées par les différents Candidats sont trop importantes, organiser une réunion style questions/réponses avec eux.

Au cours de cette première étape, l'Autorité contractante doit assurer particulièrement l'égalité de traitement de tous les Candidats.

b. <u>Remise des offres techniques.</u>

Les Candidats remettent des offres techniques, sur la base du Dossier d'appel à la concurrence ou des Dossiers d'appel à la concurrence préparé (s) par l'Autorité contractante.

Ces offres seront remises sans indication de prix, sur la base de principes généraux de conception ou de normes de performance, et sous réserve de précisions et d'ajustements ultérieurs d'ordre technique ou commercial.

c. <u>Analyse des offres techniques.</u>

Au cours de l'analyse des offres techniques, l'Autorité contractante doit s'abstenir de révéler aux autres Candidats les solutions proposées ou d'autres informations confidentielles communiquées par un Candidat sans l'accord de celui-ci.

La charge d'apprécier, les différentes offres techniques reçues, revient à l'Autorité contractante par le biais de sa Commission de passation des marchés publics. Il leur appartient d'identifier la ou les offres, qui répondent le mieux au besoin après les avoir comparées. Deux cas de figure peuvent se présenter :

- sur la base du Dossier stabilisé par l'Autorité contractante, la Commission des marchés retiendra toutes les offres techniques conformes aux critères qui avaient été consignés dans le Dossier d'appel à la concurrence auquel se sont référés tous les Candidats ;
- une ou plusieurs offres présentent des approches techniques aptes à donner satisfaction à l'Autorité contractante, ont été déposées parce que l'Autorité contractante avait appelé ces offres à partir de dossiers différents.

La Commission des marchés devra pour chaque offre procéder à son analyse en fonction des critères du Dossier d'appel à la concurrence dont elle découle. L'Autorité contractante retiendra toutes les offres techniques qui répondent aux critères consignés dans le Dossier d'appel à la concurrence.

L'Autorité contractante pourra alors retenir la ou les solutions techniques qui répondent le mieux à la satisfaction de ses besoins. Elle informe tous les Candidats sur le ou les choix opéré(s) et met fin à la première étape. L'Autorité contractante épuisera toute la procédure relative à l'information des candidats et répondra aux éventuels recours.

3.1.2.2 Deuxième phase Appel d'offres en deux étapes.

a. Adoption d'une ou de plusieurs solutions techniques et remise des offres financières.

1) Cas où l'offre technique retenue découle de la « solution adoptée » par l'Autorité contractante.

L'Autorité contractante avec l'assistance de son équipe de projet avait jeté les bases d'une solution stabilisée pour un Appel d'offres en deux étapes » (SSAO2E).

Cette solution stabilisée est conçue à partir d'une combinaison de solutions proposées par rapport aux aspects techniques, financiers méthodologiques et du point de vue des critères de qualification.

Ce Dossier pour l'Appel d'offres en deux étapes stabilisé peut être amélioré pour satisfaire de la manière la plus optimale possible aux besoins et préoccupations de l'Autorité contractante.

Au cours de la deuxième étape, le dossier d'appel d'offres est modifié et des propositions techniques définitives sont présentées avec indication de prix. En tout état de cause, il constitue le référentiel à partir duquel la concurrence sera organisée pour l'ensemble des Candidats.

L'Autorité contractante en fonction des critères nouveaux consignés dans le Dossier d'Appel d'offres sollicite de nouvelles offres techniques et des offres financières de la part de tous les candidats qui avaient déposé une offre technique sur la base de la solution stabilisée.

Le dépôt des offres financières devrait intervenir au moins dans les 15 à 30 jours qui suivent la parution de l'Avis d'appel d'offres.

2) Cas ou plusieurs solutions sont retenues.

Toutes les offres techniques présentées, même si elles apportent les solutions aux besoins de l'Autorité contractante, peuvent en certains points ne pas rencontrer l'assentiment de l'Autorité contractante.

Auquel cas, elle se chargera de signifier à chaque Candidat les améliorations mineures à apporter à son offre technique définitive, qui sera accompagnée de son offre financière.

b. Rapport d'évaluation technique et Dossier d'Appel d'offres stabilisé

L'Autorité contractante établit un Dossier d'appel à la concurrence stabilisé et recueille l'avis de la Direction en charge du Contrôle de la passation des marchés publics.

Dans tous les cas l'Autorité contractante élaborera un rapport circonstancié pour motiver son choix technique au regard des critères qui avaient été annoncés dans le Dossier d'appel à la concurrence et le soumettre à l'Avis de la Direction en charge du Contrôle de la passation des marchés publics qui donnera une autorisation pour enclencher la deuxième étape.

1) **Remise et analyse des offres techniques et financières définitives.**

Lors de la seconde étape, les Candidats sont invités à présenter des propositions techniques définitives assorties de prix.

Au cas où plusieurs propositions techniques sont retenues, les différents Candidats sont invités à déposer, leur offre technique remaniée et leur offre financière définitive.

Au cas où une proposition technique stabilisée établie par l'Autorité contractante en fonction des informations recueillies au cours de la première étape constitue la base du Dossier d'appel à la concurrence, les différents Candidats seront invités à déposer, leur offre technique et leur offre financière en fonction de ce Dossier d'appel à la concurrence stabilisé.

Dans les deux cas, il peut être accordé un délai qui peut être égal à 15 jours les offres techniques revues assorties de la teneur de leur mise en œuvre du point de vue financier.

La remise, l'ouverture et l'examen des offres au plan technique et financier, ainsi que le choix de l'offre, s'effectueront suivant les conditions fixées par réglementation des marchés publics.

****** *****

CHAPITRE IV

L'APPEL D'OFFRES SUR CONCOURS

4.1 GÉNÉRALITÉS- APPEL D'OFFRES SUR CONCOURS

L'Appel d'offres sur concours est une Procédure est assez peu utilisée, car, il suppose le suivi d'une procédure complexe qui entretient, à la fois, des similitudes et divergences avec la procédure classique des concours de maîtrise d'œuvre.

Suivant une explication plate, il s'agit avant tout d'un concours d'idées, pour donner forme à un projet, pour lequel, le Maître de l'ouvrage a les grandes lignes et qu'elle souhaiterait « éventuellement » voir réalisé. Pour peaufiner le projet, il lance un appel à candidatures pour des prestations intellectuelles devant aboutir à la proposition de solutions techniques, pratiques, économiques, etc.

Autant le dire tout de suite, l'Appel d'offres sur concours est distinct de la procédure devant aboutir à a conclusion d'un marché de conception-réalisation puisque, dans ce dernier cas de figure, le candidat lauréat peut directement exécuter la solution qui lui a valu d'être choisi.

Il ne s'agit pas d'un concours de maîtrise d'œuvre ni d'un marché qui porte sur la réalisation effective un ouvrage précis. Il convient donc de retenir que, dans le cadre d'un Appel d'offres sur concours, il n'est toujours obligatoire que le Candidat-lauréat réalise les travaux subséquents à l'œuvre primée.

Il peut dans certains cas ne pas participer à son exécution, tout dépend de l'option de l'Autorité contractante. Deux cas de figure peuvent se présenter :

- le premier cas, le lauréat doit nécessairement être le réalisateur de l'œuvre primé exemple : création d'un moteur de recherche et réalisation des supports (hardware) du centre de mise en œuvre ;
- un deuxième cas de figure, il n'est pas nécessaire que le lauréat réalise l'œuvre primée ; exemple réalisation du plan d'aménagement d'une ville nouvelle.

Ceci démontre que l'Autorité contractante dispose d'une large marge de manœuvre. Il lui est possible d'adopter un projet (projet primé) et pour sa réalisation, lancer un Appel d'offres (ouvert ou avec pré qualification ou restreint) en respectant toute la procédure requise par rapport au mode de passation retenu.

Le Candidat dont le projet est retenu pourra recevoir une prime pour avoir remporté le concours. Le montant de cette prime pouvant être égal au prix estimé des études à effectuer, affecté d'un abattement au plus égal à 18 %.

Les autres candidats aussi peuvent être récompensés, par rapport, à l'effort fourni pour présenter une œuvre lors du concours.

Une prime peut-elle être versée même en cas d'offre non conforme au règlement du concours Le versement et le montant de la prime ou des récompenses dépend que ce qui consigné dans le règlement du concours pour le lauréat de concours et chaque concurrent non retenu, ayant remis des prestations répondant ou non au programme.

Le règlement doit être clair pour une offre était incomplète ou qui ne répondrait pas au programme. Dans le cas d'espèces il doit être possible, sur proposition du jury, de réduire la prime, car la réglementation des marchés publics n'interdit pas le versement d'une prime en cas d'offre non conforme. Cette considération doit aussi s'étendre au cas d'une déclaration sans suite de la procédure.

4.1.1 L'objet du concours.

Il est fait recours à la procédure d'Appel d'offres sur concours principalement dans les domaines de l'urbanisme et de l'aménagement du territoire, dans le domaine de l'architecture et de l'ingénierie, ou encore dans le domaine du traitement des données (la liste n'est pas exhaustive). Le concours vise l'identification du projet le plus apte à satisfaire le besoin de l'Autorité contractante, elle peut porter :

- soit sur la conception d'un projet ;
- soit à la fois sur la conception d'un projet et la réalisation de l'étude y afférente et le suivi et le contrôle de sa réalisation ;
- soit la conception et la réalisation du projet lorsqu'il s'agit d'un marché de conception-réalisation ou clé en main.

Comme exemple de marché passé par Appel d'offres sur concours, il est possible de citer, la procédure utilisée pour réaliser le « Mémorial de Gorée ».

Annoncé le 5 octobre 1988 à la tribune de l'Organisation des Nations Unies (ONU) par le président de l'Organisation de l'Unité africaine (OUA**), le concours d'architecture pour concevoir le Mémorial de Gorée et son complexe culturel** n'est officialisé par le gouvernement du Sénégal qu'à la fin de l'année 1996.

Pour garantir une impartialité absolue de cette compétition internationale, ouverte aux architectes du monde entier, son organisation est placée sous le contrôle de l'Organisation des Nations Unies pour l'Éducation, la Science et la Culture (UNESCO) et de l'Union Internationale des Architectes (UIA).

740 dossiers en provenance de 64 pays sont envoyés aux organisateurs entre le 20 février et le 4 juillet 1997, date limite de réception des propositions. 290 dossiers sont retenus par la commission technique du concours et présentés aux membres du jury internationall réunis à Dakar entre le 10 et le 14 septembre 1997. L'anonymat des compétiteurs n'est levé qu'à l'issue des délibérations finales.

La proclamation des résultats avait été effectuée par le président du jury, Harry G. Robinson III, vice-président de l'Université Howard de Washington (États-Unis d'Amérique) et représentant de l'UNESCO.

La première étape de l'Appel d'offres sur concours a pour objet, la plupart du temps, la réalisation de prestations de conception donc des prestations intellectuelles. La deuxième étape de la procédure permet généralement d'identifier l'Entreprise qui sera chargée de la réalisation.

Les formes les plus usitées pour réaliser une prestation de par l'Appel d'offres sur concours, consistent à confier à une entreprise qui n'a pas participé au concours la réalisation des travaux sous la supervision directe ou non du lauréat. Sous certaines conditions, l'Autorité contractante peut monter son dossier de consultation de manière que le lauréat puisse être le réalisateur, cas d'un marché de conception-réalisation ou clé en main.

Comme on peut le voir, l'Autorité dispose d'une grande marge de manœuvre pour conclure un appel d'offres sur concours. Deux procédures avec des adaptations tactiques sont possibles pour le concours :

- **l'Appel d'offres sur concours ouvert**, c'est-à-dire la procédure dans laquelle tous les Candidats éligibles ou recevables peuvent présenter une offre ;
- **l'Appel d'offres sur concours restreint**, c'est-à-dire la procédure dans laquelle l'Autorité contractante, compte tenu de la spécificité de son besoin, sélectionne les Candidats qui seront admis à présenter une offre.

4.1.2 L'intervention d'un jury dans la procédure.

Le jury de concours est composé exclusivement de personnes indépendantes des participants au concours, c'est-à-dire ils ne doivent avoir aucun lien de parenté, relationnel ou d'affaires avec les Candidats.

Pour l'État et les établissements publics, les membres du jury de concours peuvent être des personnes ressources ou hommes de l'art identifiés par l'Autorité contractante. La composition et les modalités de fonctionnement du jury sont fixées :

- en ce qui concerne l'Administration, les services à compétence nationale et les services déconcentrés, par le Ministre de tutelle ;
- en ce qui concerne les services déconcentrés de l'État placés sous l'autorité du préfet de département.

Dans tous les cas, au niveau de chaque jury mis sur pied, il sera procédé, à la désignation de suppléants en nombre égal à celui des membres titulaires. La composition des jurés sur proposition de l'Autorité contractante est soumise à l'Avis de la Direction en charge du Contrôle de la passation des marchés publics.

L'Autorité contractante peut en outre désigner comme membres du jury des personnalités dont elle estime que leur participation présente un intérêt particulier au regard de l'objet du concours. Le nombre idéal par jury est de 5 personnes.

Lorsqu'une qualification ou une expérience particulière est exigée des Candidats, pour participer à un concours, au moins un tiers des membres du jury doit avoir la même qualification et/ou une expérience compatible. Tous les membres du jury ont voix délibérative.

Le Trésor public et un représentant de la structure du droit d'auteur peuvent être invités à participer au jury. Ils auront une voix consultative.

4.1.3 Déroulement de l'Appel d'offres sur concours.

4.1.3.1 Publication de l'avis d'appel d'offres.

Dans les conditions prévues par les dispositions des Codes des marchés publics, un avis d'appel d'offres est publié. Les délais de réception des offres sont ceux de l'Appel d'offres classique.

En cas de concours ouvert, les plis adressés par les Candidats comportent :

- une première enveloppe contenant les renseignements relatifs à leur candidature ;
- une seconde enveloppe contenant les prestations demandées ;
- une troisième enveloppe contenant l'estimation financière pour la réalisation du futur marché.

En cas de concours restreint, les plis adressés par les Candidats contiennent les seuls renseignements relatifs à leur candidature. Sur la base des informations reçues, l'Autorité contractante saisira la Direction en charge du Contrôle de la passation des marchés publics pour une autorisation afin d'organiser le concours entre les Candidats dont les candidatures ont été jugées suffisantes par l'Autorité contractante. Après avis de la Direction en charge du Contrôle de la passation des marchés publics sur l'Appel d'offres restreint (AOR) et la liste des pressentis, chaque Candidat autorisé déposera dans un délai de 30 jours :

- une première enveloppe contenant les prestations demandées et ;
- une seconde enveloppe contenant l'estimation financière pour la réalisation du futur marché.

4.1.3.2 <u>Ouverture publique des offres pour le concours.</u>

Dans les deux cas de figure, les Candidats ayant déposé une offre sont admis à assister à l'ouverture des plis.

L'ouverture des plis est faite par la Commission de passation des marchés publics de l'Autorité contractante. Seuls peuvent être ouverts les plis qui ont été reçus au plus tard à la date et à l'heure limites qui ont été annoncée dans l'avis d'appel public à la concurrence.

Avant de procéder à l'examen des Candidatures, l'Autorité contractante, constate que des pièces dont la production était réclamée sont absentes ou incomplètes. Elle peut demander aux Candidats de compléter leur dossier.

a. **<u>Avant leur communication au jury, les enveloppes relatives aux offres sont ouvertes.</u>**

Les offres techniques tout comme les estimations financières déposées sont enregistrées. L'Autorité contractante est tenue de les rendre anonymes. Elles peuvent faire l'objet d'une analyse préalable destinée à préparer le travail du jury.

b. **<u>Les candidatures sont ensuite transmises au jury.</u>**

Les Candidats admis à concourir sont invités à remettre leurs propositions techniques ainsi qu'une enveloppe séparée contenant l'estimation financière pour la réalisation du marché.

Le Jury évalue, en vérifie la conformité au règlement du concours et en propose un classement fondé sur les critères indiqués dans l'avis d'appel public à concurrence.

Le jury dresse un rapport relatif à l'examen des offres techniques, dans lequel il consigne ses observations et tout point nécessitant des éclaircissements, et formule un avis motivé.

Ce procès-verbal est signé par tous les membres du jury. L'anonymat est respecté jusqu'à l'avis du jury. Le jury peut ensuite inviter les Candidats à répondre aux questions qu'il a consignées dans le procès-verbal, afin de clarifier, tel ou tel aspect d'un projet.

Un procès-verbal complet de la concertation entre les membres du jury et les Candidats est établi.

Après réception de l'avis technique et l'établissement du procès-verbal du jury, il est procédé à l'ouverture et à l'examen de l'enveloppe contenant l'estimation financière, du ou des lauréats du concours choisi (s) par le jury mis en place par l'Autorité contractante. Des primes sont allouées aux Candidats conformément aux propositions du jury.

Le ou les Lauréats sont invités à affiner le projet et le marché qui fait l'objet du concours est attribué. Si le Candidat-lauréat dont l'offre avait été retenue ne peut produire les attestations et certificats et transferts de propriété requis, son offre est rejetée et l'on examine celle du second. Une fois que le lauréat aura été identifié, l'Autorité contractante épuisera la procédure d'attribution du concours en fonction de son objet.

4.1.3.3 Réalisation de l'œuvre primée

Pour la concrétisation de l'œuvre primée, l'Autorité contractante pour utiliser l'une des procédures d'appel d'offres se fera assistée, tout au long du processus, par le lauréat sauf pour les cas de conception et la réalisation du projet par le lauréat lui-même puisqu'il s'agit d'un marché de conception-réalisation ou clé en main. Pour ce faire, l'Autorité contractante peut passer :

- soit un appel d'offres ouvert si les prestations portent sur des travaux, fournitures et services courants ;
- soit un Appel d'offres avec pré qualification, si les prestations portent sur des travaux, fournitures et services nécessitant des moyens et une qualification spécifique ;
- soit un Appel d'offres restreint si les prestations portent sur des travaux, fournitures et services sont l'apanage d'un petit nombre d'entreprises ;

Conformément aux dispositions du Code des marchés, l'Autorité contractante avec l'assistance du lauréat, élaborera un Dossier d'appel à la concurrence, fera la publicité nécessaire et analysera les offres pour la réalisation pour attribuer un ou plusieurs marchés ou lots au (x) Candidat (s) qui aura (ont) présenté les offres conformes évaluées moins-disant.

**** ***

CHAPITRE V

PROCÉDURE APPEL D'OFFRES RESTREINT

5.1 GÉNÉRALITÉS- APPEL D'OFFRES RESTREINT

L'Appel d'offres est dit restreint en abrégé « AOR », car seuls les Candidats consultés par l'Autorité contractante peuvent soumettre une offre. Cette procédure est déroulée en deux temps :

- le premier temps est consacré à la sélection des candidatures sur des critères objectifs prédéfinis ;
- le second temps ne concerne que les Candidats présélectionnés, invités à présenter une offre.

L'Autorité contractante peut décider de limiter le nombre de Candidats qui seront admis à présenter une offre. Ce nombre minimum ne peut être inférieur à cinq. Lorsque le nombre de Candidats satisfaisant aux critères de sélection est inférieur au minimum, elle peut continuer la procédure avec les seuls Candidats sélectionnés. La procédure d'AOR ne peut être utilisée qu'après avis de la Direction en charge du Contrôle de la passation des marchés publics.

5.1.1 Différents types de marchés passés par AOR.

5.1.1.1 Marchés pour lesquels l'urgence résulte de circonstances imprévisibles.

L'Autorité contractante ne peut mener la conclusion de tels marchés qui ne sont pas compatibles avec les délais exigés par les procédures d'appel d'offres qu'en cas de danger (catastrophe naturelle ou technologique) ou de retard préjudiciel qui n'est pas provoqué par elle. L'urgence invoquée pour utiliser la procédure d'AOR doit répondre à certaines conditions :

- la situation d'urgence doit être réelle, ce qui exclut la volonté d'accélérer la procédure pour des raisons de convenance de l'Autorité contractante ;
- l'événement concerné doit être imprévisible et la situation d'urgence ne doit pas résulter de l'Autorité contractante.

Invoquer en fin septembre la réalisation urgente de travaux avant la rentrée scolaire prévue pour la mi-octobre ne constitue pas une situation d'urgence avérée dès lors que cet événement est prévisible.

5.1.1.2 Marchés objet d'appels d'offres infructueux

Lorsqu'aucune offre n'a été remise, ou lorsqu'il n'a été proposé que des offres inappropriées, irrégulières ou inacceptables, la Personne responsable des marchés publics peut déclarer la procédure infructueuse.

L'offre inappropriée correspond à une offre non conforme à l'objet du marché et peut s'assimiler à une absence d'offre.

L'offre irrégulière correspond à l'offre incomplète ou qui ne respecte pas les exigences de l'avis d'Appel d'offres. C'est le cas d'une offre présentée hors délai, qui ne correspond pas à la définition des besoins exprimés, qui n'est pas signée ou encore qui propose des prix aberrants.

L'offre inacceptable est celle dont la présentation, le contenu technique et les conditions d'exécution méconnaissent la législation en vigueur.

La déclaration du caractère infructueux suppose une inadéquation totale entre les attentes exprimées par l'Autorité contractante et l'offre présentée par les Candidats. Si une offre au moins est acceptable, l'Autorité contractante ne peut déclarer une procédure infructueuse, même si le niveau de concurrence paraît insuffisant.

Un nouvel Appel d'offres ou un marché par Entente directe pour les lots infructueux peut être envisagé. Mais avant d'entamer une quelconque autre procédure, la révision du Dossier d'appel à la concurrence doit être opérée par la Personne responsable des marchés publics. Cette révision peut inclure une révision de l'étendue des prestations, des procédures d'Appel d'offres, des termes contractuels ou de la qualification.

5.1.1.3 Marchés confidentiels.

Ce sont les marchés de travaux, fournitures ou services qui sont exécutés avec une obligation générale de respecter la confidentialité des informations.

Le caractère confidentiel suppose la nécessité de conserver secret l'objet même du marché et ses caractéristiques pour des raisons de sécurité.

> **Exemple :** l'achat de matériels concernant la fabrication de pièces d'identité par Direction de l'Automatisation du fichier

5.1.1.4 Marchés exécutés en lieu et place des titulaires défaillants et à leurs frais et risques.

La défaillance du titulaire du marché signifie que celui-ci se trouve dans l'impossibilité totale ou durable de poursuivre son exécution, par exemple en cas de faillite ou de règlement judiciaire.

Les retards ou défauts d'exécution ne peuvent ici être considérés comme une défaillance sauf s'ils entraînent la résiliation aux torts du titulaire. Le nouveau marché ne peut avoir pour objet que la continuation et l'achèvement du marché interrompu.

5.1.2 Avantages de l'Appel d'offres restreint.

Le choix de Candidats disposant des ressources et capacités professionnelles techniques et financières adéquates est un gage de réussite pour ce type de marché. En effet, lorsque certaines prestations se déroulent mal (défaillances de conception ou de maîtrise du projet) cela résulte parfois d'une insuffisance ou d'un manque de compétences ou de moyens pour répondre aux missions confiées par le maître d'ouvrage.

Cette étape est importante, car lorsqu'elle est passée, il n'est plus possible pour l'Autorité contractante de revenir sur son appréciation des capacités, et ce notamment lors de la sélection des offres. Plus un opérateur économique estime sérieuse sa chance de remporter le marché, plus il s'investira dans le montage de son offre. Ce faisant, l'Autorité contractante a à sa disposition des offres pertinentes, avec un nombre moindre, par rapport à l'Appel d'offres ouvert.

5.1.3 Déroulement de la procédure d'AOR.

Étape 1 : Sélection de Candidats sur la base de son vivier ou en fonction des entreprises présentes dans le secteur ;

Étape 2 : Le nombre de Candidats, admis à présenter une offre, ne peut être inférieur à 5, sauf si le nombre des Candidats présents dans le secteur n'est pas suffisant.

Étape 3 : La liste des Candidats souhaités par l'Autorité contractante ainsi que le dossier de consultation sont soumis à l'approbation de la Direction en charge du Contrôle de la passation des marchés publics

Étape 4 : Après à l'avis favorable de la Direction en charge du Contrôle de la passation des marchés publics sur la teneur de la liste restreinte, le Dossier d'appel à la concurrence est adressé aux Candidats sélectionnés.

Étape 5 : Le délai de dépôt des offres ne peut être inférieur à 30 jours à compter de la date de la réception, par les Candidats, du dossier de consultation. Ce délai peut être ramené à un niveau inférieur en cas d'urgence justifiée.

Étape 6 : Les offres sont enregistrées, au fur et à mesure de leur arrivée. Les plis qui arrivent hors délai sont également enregistrés, mais ne pourront être ouverts ; ils seront renvoyés aux Candidats après l'ouverture des plis.

Étape 7 : Examiner, évaluer la conformité des offres et en retenir une. Lorsqu'aucune offre ne lui paraît acceptable, l'Autorité contractante peut déclarer l'Appel d'offres infructueux.

DIAGRAMME APPEL D'OFFRES RESTREINT

Fournitures- Travaux & Services

DOCUMENTS REQUIS

PHASE.1 : AUTORISATION

1. Lettre de couverture ou Rapport de présentation (1 exemplaire) ;
2. Pièces justificatives (2 exemplaires) ;
3. Liste des candidats retenus (2 exemplaires) ;
4. Projet de DAO (2 exemplaires) ;

Autorisation DMP | **Avis N° 1 DMP**

PHASE 2 : PASSATION DU MARCHE

1. Lettre de couverture ou Rapport de présentation (1 exemplaire) ;
2. DAO validé (2 exemplaires) ;
3. Autorisation Direction des marchés publics (DMP) ;
4. Avis N° 1 Direction des marchés publics (DMP) ;
5. Copie des lettres d'invitation (1 exemplaire) ;
6. Le cas échéant, additifs, éclaircissements et réponses (2 exemplaires) ;
7. Procès-verbal ouverture des plis (2 exemplaires) ;
8. Rapport d'évaluation (2 exemplaires) ;
9. Procès-verbal d'attribution provisoire (2 exemplaires) ;

Avis N° 2 DMP

PHASE 3 : EXAMEN JURIDIQUE ET TECHNIQUE

1. Lettre de couverture ou Rapport de présentation (1 exemplaire) ;
2. DAO validé (1 exemplaire) ;
3. Procès-verbal d'attribution (1 exemplaire) ;
4. Avis N° 2 Direction des marchés publics (DMP) ;
5. Attestation d'existence de crédits (1 exemplaire) ;
6. Projet de marché signé par les parties contractantes (2 originaux) ;

Avis N° 3 DMP

Titre Troisième
LES PROCÉDURES SPÉCIFIQUES

**** ***

CHAPITRE I
PROCÉDURE DE L'ENTENTE DIRECTE.

1.1 GÉNÉRALITÉS SUR L'ENTENTE DIRECTE.

Les marchés sont dits passés « **par Entente directe** » lorsque l'Autorité contractante engage directement les discussions qui lui paraissent utiles avec un Candidat identifié à l'avance et envisage que lui soit attribué le Marché, selon les dispositions prévues par cette procédure.

Un marché par Entente directe ne peut être passé qu'avec des Entrepreneurs, Fournisseurs ou prestataires de services qui acceptent de se soumettre à un contrôle des prix spécifiques durant l'exécution des prestations.

1.1.1 Quand recourir à l'Entente directe ?

1.1.1.1 Sur autorisation préalable de la Direction en charge du Contrôle de la passation des marchés publics.

Sur autorisation de la Direction en charge du Contrôle de la passation des marchés publics et suivant les dispositions réglementaires, il ne peut être passé de marché par Entente directe dans les cas suivants :

- pour les marchés destinés à répondre à des besoins qui, pour des raisons tenant à la détention d'un droit d'exclusivité, ne peuvent être satisfaits que par un cocontractant déterminé ;
- pour des fournitures, services ou travaux qui complètent ceux d'un premier marché exécuté par le même titulaire, à la condition que le marché initial ait été passé selon la procédure d'Appel d'offres ; et que le marché complémentaire ne porte que sur des fournitures, services ou travaux qui ne figurent pas dans le marché initial, mais qui sont devenus nécessaires, à la suite d'une circonstance imprévue et extérieure aux parties.

Ces fournitures, services ou travaux ne peuvent être techniquement ou économiquement séparés du marché principal. Le montant des marchés complémentaires cumulé ne doit pas dépasser 30% du montant du marché principal, avenants compris ;

1.1.1.2 Sur avis de la Direction en charge du Contrôle de la passation des marchés publics.

Sur avis de la Direction en charge du Contrôle de la passation des marchés publics suivant les dispositions réglementaires, il ne peut être passé de marchés par Entente directe que pour les marchés considérés comme secrets ou dont l'exécution doit s'accompagner de mesures particulières de sécurité ou pour lesquels la protection des intérêts essentiels de l'État l'exige.

a. **<u>Pour de prestations considérées comme secrètes</u> :**

- les marchés de fournitures, services et travaux passés pour assurer les besoins de la défense nationale et concernant :
  - les marchés de fournitures et de services qui ont pour objet la conception, l'expérimentation, la réalisation, l'acquisition, le maintien opérationnel, l'utilisation ou la destruction des armes, et matériels de guerre ;
  - les marchés de fournitures qui ont pour objet la réalisation de démonstrateurs ou de prototypes d'armes ou matériels de guerre ;
  - les marchés de fournitures qui ont pour objet les composants, les outillages, les consommables et les moyens d'évaluation et d'essais, spécifiquement conçus pour la fabrication, l'emploi ou le maintien en condition opérationnelle des armes, munitions et matériels de guerre ;
  - les marchés de service qui présentent un lien direct avec la stratégie militaire ou l'emploi des armes et qui ont pour objet soit les études exploratoires et les études technico-opérationnelles relatives aux équipements futurs, les études biologiques, médicales, hydrographiques, soit les études prospectives ;
  - les marchés de travaux directement liés à la réalisation, l'emploi, le maintien en condition opérationnelle et l'évaluation des armes, munitions et matériels de guerre ;

b. **<u>Avis de la Direction en charge du Contrôle de la passation des marchés publics par ED portant pour des fournitures, services et travaux de défense civile, sécurité nationale</u> :**

- destinés à des fins de défense civile. Ces marchés portent sur des prestations visant à assurer l'ordre public, la protection matérielle et morale des personnes et la sauvegarde des installations et ressources d'intérêt général ;
- relatifs à la sécurité nationale et passés en vue de prévenir une menace, notamment terroriste, et plus généralement de prestataires, qui du fait de leurs prestations, accèdent à des informations ou domaines sensibles dont la divulgation pourrait porter atteinte à la sécurité et la sûreté de l'État et à son potentiel scientifique et économique,
- les marchés passés en vertu d'un accord international relatif à la participation des troupes nationales à des opérations de maintien de la paix ;

- les marchés pour lesquels l'urgence impérieuse, résultant de circonstances imprévisibles, irrésistibles et extérieures à l'autorité, n'est pas compatible avec les délais et règles de forme exigés par la procédure d'Appel d'offres ouvert ou restreint ;
- les marchés passés pour des mesures de mobilisation générale.

1.1.2 Chronologie d'une Entente directe.

La chronologie des opérations est la suivante :

1. estimation du budget et négociation avec le partenaire pressenti ;
2. offre ou proposition du Candidat pressentie ;
3. établissement du Dossier d'Entente directe ;
4. demande d'autorisation ou avis de la Direction en charge du Contrôle de la passation des marchés publics pour passer un marché par Entente directe ;
5. avis de la Direction en charge du Contrôle de la passation des marchés publics sur la demande d'Entente directe ;
6. saisine de l'unique Candidat aux fins de transmission d'une offre définitive pour le projet de marché ;
7. évaluation de l'offre technique et financière du seul Candidat ;
8. si l'évaluation est concluante, la Direction en charge du Contrôle de la passation des marchés publics est saisie sur le rapport d'analyse et sur l'attribution du marché pour un examen juridique et technique et Avis sur la proposition d'attribution ;
9. signature du marché et approbation par l'Autorité compétente ;
10. fourniture de l'attestation d'existence de crédit ;
11. saisine de la Direction en charge du Contrôle de la passation des marchés publics pour immatriculation et notification au cocontractant.

L'Autorité contractante établit chaque année un état statistique précisant le nombre, la valeur des marchés attribués et le nom de l'attributaire.

Les marchés passés par Entente directe donnent lieu à un compte rendu détaillé, de la procédure de passation et d'exécution, établi par l'Autorité contractante et communiqué au Premier Ministre et à l'organe chargé de la régulation des marchés.

DIAGRAMME ENTENTE DIRECTE

Fournitures-Travaux & Services

DOCUMENTS REQUIS

PHASE.1 : AUTORISATION

1. Lettre de couverture ou Rapport de présentation (1 exemplaire) ;
2. Pièces justificatives (2 exemplaires) ;
3. Projet de Cahier de charges (2 exemplaires) ;
4. Cocontractant retenus ;

Autorisation DMP

PHASE 2 : PASSATION DU MARCHE & EXAMEN JURIDIQUE ET TECHNIQUE

1. Lettre de couverture ou Rapport de présentation (1 exemplaire) ;
2. Autorisation Direction des marchés publics (DMP) ;
3. Facture pro forma ;
4. Attestation d'existence de crédits (1 exemplaire) ;
5. Projet de marché signé par les parties contractantes (2 originaux) ;

Avis DMP

CHAPITRE II
PROCÉDURE DE L'OFFRE SPONTANÉE

2.1 GÉNÉRALITÉS SUR L'OFFRE SPONTANÉE

Une entreprise peut proposer à une Autorité contractante, un projet à réaliser sous la forme d'une Offre spontanée. Il s'agit d'une offre relative à la fourniture de biens, la prestation de services ou la réalisation de travaux, notamment dans le cadre de marché clé en main assorti d'un montage financier, qui n'est soumis en réponse ni à un appel à la concurrence ni à une sollicitation par Entente directe.

L'Offre spontanée étant une « Procédure de marchés publics » peut être présentée sous deux formes.

Une forme « classique » c'est-à-dire une offre visant la réalisation d'un investissement ne présentant aucun caractère innovant en termes de fonctionnalités techniques ou économiques.

> **Exemple :** Reprise du réseau d'assainissement de la capitale du pays avec la mise en place de canaux de 2 m de hauteur et 1,5 m de large en sous terrain sur une profondeur de 6 m minimum avec installation de buses emboîtables.

Une forme « innovante » c'est-à-dire une offre visant la réalisation d'une opération présentant des fonctionnalités nouvelles, des services nouveaux ou des innovations techniques d'un secteur donné.

> **Exemple :** Un éclairage public, pour le tout Dakar, associant de la vidéosurveillance, de la génération d'électricité solaire et des bornes Wifi ».

La présentation d'une Offre spontanée doit mettre en avant le caractère innovant des idées soumises et donner si possible une indication du montant prévisionnel de l'investissement et du fonctionnement. Une Offre spontanée « ne se résume pas à la communication d'une plaquette commerciale ».

L'Offre spontanée doit mettre en exergue les idées soumises en termes de fonctionnalités, de services ou d'innovations techniques ou technologiques le cas échéant. Les caractéristiques techniques de l'Offre spontanée ne seront détaillées que si l'Offre spontanée intègre des caractéristiques innovantes.

Le fait de recevoir une Offre spontanée « n'exonère pas l'Autorité contractante de son obligation de procéder à une évaluation préalable et à la rédaction d'un programme fonctionnel du besoin », pour juger de sa pertinence. L'auteur de l'Offre spontanée doit préciser à la transmission des études, les données confidentielles ou de propriété intellectuelle, qui ne peuvent faire l'objet de divulgation, à l'exception d'une cession de ses droits à l'Autorité contractante.

2.1.1 Participation de l'auteur de l'Offre spontanée.

L'Auteur dont l'Offre spontanée est suivie d'une acceptation peut soumissionner librement à une procédure dès lors qu'il n'est dans aucun des cas d'exclusion d'accès à la commande publique et qu'il dispose des capacités appropriées.

L'Autorité contractante définira son besoin dans le programme fonctionnel de l'Offre spontanée qui lui aura été transmise. L'auteur de l'Offre spontanée pourra au besoin légitimement demander à l'Autorité contractante de s'engager à protéger certains éléments de son offre couverts par le secret des affaires.

2.1.2 Offre spontanée et Entente directe.

Il est possible d'assortir de conditionnalités l'acceptation d'une offre spontanée. Pour qu'une Offre spontanée, puisse être acceptée tout offrant la possibilité de recourir à l'Entente directe, il importe de recueillir l'avis préalable de la Direction en charge du Contrôle de la passation des marchés publics et réunir les conditions cumulatives suivantes :

- le montant estimatif du marché doit au moins être égal à 50 milliards de F CFA avec le financement intégral apporté par l'auteur de l'offre spontanée ;
- l'engagement à sous-traiter au moins 10% du montant de l'offre aux entreprises de droit communautaire ;
- le schéma de transfert des connaissances, le cas échéant.

L'analyse de l'offre spontanée doit prendre également en compte les aspects techniques, environnementaux et de rentabilité financière et notamment du point de vue des risques qu'une telle offre pourrait engendrer. A ce titre, il doit être mis à la disposition, de la Direction des marchés publics, une liste d'experts indépendants, pour l'appuyer dans l'évaluation préalable du projet spontané du point de vue politique, économique social, technique, légal et environnemental.

2.1.3 Dossier à présenter à la Direction des marchés publics.

2.1.3.1 Une Offre technique.

L'auteur de l'Offre spontanée devra, par écrit, et avant la remise de son offre, s'assurer, auprès de l'Autorité contractante, que l'investissement projeté entre dans les priorités de cette dernière et qu'elle n'est pas opposée à ce qu'il se réalise dans le contrat.

L'Offre spontanée doit être suffisamment étayée. L'Autorité contractante s'appropriera l'offre puis, sur le fondement de celle-ci, réalisera le rapport d'évaluation préalable (elle pourra en modifier le contenu et le périmètre afin de prendre en compte la faisabilité du point de vue budgétaire et technique).

2.1.3.2 Une Offre financière.

Une offre financière comprenant une structure de prix détaillée du montant prévisionnel de l'investissement et du fonctionnement pour les essais et tests, doit accompagner le dossier. L'offre financière devra aussi mettre en exergue le schéma de financement avec les modalités de remboursement du prêt par l'État (Taux d'intérêt, différé, durée de l'amortissement du financement, etc.)

Les études et documents constitutifs du marché transmis au moment de la soumission de l'Offre spontanée deviennent la propriété exclusive de l'Autorité contractante.

L'Autorité contractante se réserve le droit de les utiliser dans le cadre d'un appel à la concurrence en cas de non-conclusion du marché pour non-respect, par le titulaire de l'Offre spontanée, de ses engagements.

2.1.3.3 Avis de la Direction en charge du Contrôle de la passation des marchés publics

A la suite d'un Avis favorable ou d'une autorisation de la Direction en charge du Contrôle de la passation des marchés publics, l'Autorité contractante signe un protocole d'accord avec l'entreprise auteur de l'Offre spontanée. Ce protocole d'accord fixe :

- les engagements des parties ;
- les délais de mobilisation du financement ;
- l'échéancier de négociation du contrat

En cas d'Avis défavorable de la Direction en charge du Contrôle de la passation des marchés publics, l'Autorité contractante a la possibilité de saisir le Comité de règlement des différends de l'Autorité de régulation des marchés publics.

****** *****

CHAPITRE III

LES MARCHÉS PLURIANNUELS OU DE CLIENTÈLE

La réglementation sur les marchés publics offre à l'Autorité contractante qui est amenée à gérer des besoins, récurrents ou non, sur le moyen terme ou même à plus longue échéance, différentes solutions pour lui permettre de stabiliser dans le temps ses relations contractuelles avec un ou plusieurs opérateurs économiques.

A cette fin, l'Autorité contractante a la faculté de recourir à une procédure de passation unique, en tout ou en partie, tantôt en fonction de ses ressources financières disponibles, tantôt en fonction de l'évolution de ses besoins.

Certaines des solutions prévues par la réglementation, comme les marchés à tranches ou les marchés à commandes, les marchés de clientèle sont connus et ont été déjà pratiqués.

Lorsque l'Autorité contractante veut sécuriser ses besoins de fournitures ou de services courants, elle peut avoir recours à un marché de clientèle en confiant au prestataire ou au titulaire retenu l'exécution d'une catégorie déterminée de prestations sur plusieurs années.

Les marchés de clientèle sont conclus pour une durée égale à un an, renouvelable par avenant, sans pouvoir dépasser deux ans. L'Autorité contractante doit donc estimer le montant de ses besoins en y intégrant la valeur de ces reconductions. Pour un marché d'un an reconduit deux fois de suite, c'est la valeur de l'ensemble des prestations à réaliser sur ces trois ans qu'il faut prendre en compte.

Dans le cas où les marchés de clientèle sont passés pour une durée supérieure à un an, chacune des parties contractantes a la faculté de demander, à des dates fixées, qu'il soit procédé à une révision des conditions du marché par application de la formule de révision des prix qui y figure ou de le dénoncer au cas où l'application de la formule de révision entraînerait une augmentation du prix de plus de 30%.

Il ne faut pas confondre durée du marché et délai d'exécution.

Pour certains marchés, les marchés à commandes, par exemple, la durée du marché peut être pluriannuelle, mais le délai d'exécution ne va concerner que la réalisation ou la livraison de chaque commande ou marché subséquent.

Suivant les dispositions réglementaires, lorsque l'Autorité contractante ne peut déterminer, à l'avance, le volume et le rythme de ses commandes de fournitures ou de services courants nécessaires à ses besoins, elle peut avoir recours à des types de marchés particuliers.

Ces marchés particuliers ont pour nom :

Marchés à commande qui sont des marchés qui fixent un minimum et un maximum arrêté en valeur ou en quantité pour chaque type de marché, ils peuvent être conclus avec un ou plusieurs opérateurs économiques et exécutés au fur et à mesure de la survenance du besoin, sans négociation ni remise en concurrence.

Marchés de clientèle qui sont des marchés par lesquels l'Autorité contractante s'engage à confier, pour chaque marché, au prestataire ou au titulaire retenu l'exécution de commandes portant sur une catégorie déterminée de prestations ou fournitures au fur et à mesure des besoins.

Marchés à tranches, lorsque les prestations sont parfaitement déterminables dans l'ensemble de leurs composantes sur la base de programmes définis en totalité, mais que leur exécution complète est incertaine pour des motifs d'ordre économique ou financier.

Chaque type de marché peut être divisé en une tranche ferme et une ou plusieurs tranches conditionnelles. Le découpage opéré doit être fonctionnel, chaque tranche doit pouvoir satisfaire le besoin exprimé de manière autonome sans qu'il soit nécessaire d'affermir les tranches suivantes.

« **Accords-Cadres** » qui a pour caractéristique essentielle de séparer, la procédure proprement dite de choix du ou des fournisseurs, de l'attribution des commandes ou des marchés effectifs. Il s'agit plus d'un instrument de planification et d'optimisation de l'achat. Les Accords-Cadres sont des dispositifs qui permettent de sélectionner un certain nombre de prestataires qui seront ultérieurement en concurrence lors de la survenance du besoin.

****.***

CHAPITRE IV

LES MARCHÉS A COMMANDES.

4.1 Objet du marché à commandes.

Une Autorité contractante peut effectuer des achats à caractère répétitif en organisant une seule procédure complète de mise en concurrence des fournisseurs potentiels et de bénéficier d'une réactivité accrue lors de la survenance du besoin, à un prix déterminé.

Si les marchés à commandes sont particulièrement indiqués lorsque l'Autorité contractante n'est pas en mesure de déterminer la quantité ou le rythme de ses besoins, la nature des prestations attendues doit être explicitement stipulée dans le marché.

Les commandes subséquentes ne pourront porter que sur des prestations expressément identifiées dans les pièces constitutives du marché.

Les commandes dans le cas de marchés multi attributaires sont réparties entre les titulaires selon des modalités fixées par le marché.

Les commandes déterminent la quantité des prestations ou des produits demandés. Elles peuvent préciser les caractéristiques de ces prestations à condition de ne pas modifier de manière substantielle les dispositions initiales du marché.

4.1.1 Quand recourir au marché à commandes ?

La passation de ce type de marché est plus spécialement recommandée en cas d'incertitude sur le rythme ou l'étendue du besoin à satisfaire.

Les marchés à commandes sont particulièrement adaptés aux achats répétitifs de fournitures ou services courants tels que, par exemple, les fournitures de bureau, les denrées alimentaires, le gardiennage ou le nettoyage des locaux. Cependant, tous les types de prestations peuvent faire l'objet de tels marchés, y compris les marchés de travaux, les marchés de fournitures.

Le recours au marché à commandes peut permettre aux Autorités contractantes de réduire les coûts de procédure et de bénéficier de propositions financièrement plus avantageuses que si elles passaient différents marchés successifs.

4.1.2 Gestion des marchés à commandes.

Les marchés à commandes constituent une forme particulière de marché public et non pas un mode spécifique de passation ; de fait, ils obéissent aux règles de droit commun.

4.1.2.1 Montants et seuils des marchés à commandes.

La procédure de passation d'un marché à commandes est déterminée en fonction de son montant, au regard des seuils prévus par un Code des marchés publics. Ce montant est annoncé sous la forme d'un minimum et d'un maximum. Afin que le marché soit équilibré et équitable, il convient que la fourchette entre le minimum et le maximum soit réaliste et corresponde à des estimations raisonnables.

Des écarts trop importants ne reflétant aucune réalité des besoins, mais n'ayant d'autre but que de minorer l'engagement initial de l'Autorité contractante et de maximiser l'engagement du fournisseur doivent être bannis. C'est la raison pour laquelle un écart maximum est fixé entre le minimum et le maximum du marché.

En général le maximum est fixé à 4 fois le minimum

Il appartient toutefois à l'Autorité contractante de fixer ces montants minimaux et maximaux en fonction de l'importance et de l'évolution possible des besoins, en tout état de cause, l'écart choisi ne devrait pas excéder cet écart maximal. Le minimum et le maximum sont indiqués en valeur ou en quantités qui doivent être appréciées, dans le silence du marché, sur la période ferme du marché ne comprenant pas les reconductions.

a. Prix des prestations d'un marché à commandes.

Les marchés à commandes doivent fixer des prix ou à tout le moins, déterminable. Sont entachés de nullité les marchés stipulant que les prix seront indiqués dans les bons de commande. D'ordinaire, ils sont conclus à prix unitaires, cependant aucun principe ne fait obstacle à ce que les marchés à commandes comportent, une part de prestations non programmable conclue à prix unitaire et une part de prévisibles conclue à prix forfaitaire.

b. Nombre de titulaires d'un marché à commandes.

Un marché à commandes peut être mono-attributaire ou multi-attributaire. Ce choix relève de la libre appréciation de l'Autorité contractante. Toutefois, en cas de multi-attribution et sous réserve d'un nombre suffisant de Candidats et d'offres, il ne peut y avoir moins de trois titulaires.

La multi-attribution, peut être motivée, par l'impossibilité pour une seule entreprise de réaliser la totalité des prestations ou par la nécessité d'assurer la sécurité des approvisionnements. L'attribution des commandes s'effectue sans négociation ni remise en concurrence, même si le marché a été conclu avec plusieurs opérateurs économiques.

Dans le cadre d'un marché à commandes multi-attributaires, l'Autorité contractante détermine librement les modalités de répartition des commandes au regard de modalités fixées par le marché, qui doivent être objectives, transparentes et non discriminatoires.

A cet égard et afin de donner aux opérateurs économiques une visibilité suffisante pour l'optimisation de la commande, les Candidats doivent être informés clairement, dès le lancement du marché, des règles d'attribution des commandes.

Le fait pour une Autorité contractante de prévoir dans les pièces de son marché que « l'attribution des commandes sera faite librement en respectant un équilibre financier entre les attributaires » ne suffit pas à définir les modalités d'émission des commandes.

Il convient ainsi de fixer précisément les conditions dans lesquelles les commandes seront attribuées aux différents titulaires dans le Cahier des clauses administratives particulières (CCAP).

c. Modalités d'attribution des commandes.

L'Autorité contractante pourra avoir recours à différentes méthodes d'attribution des commandes. Celles-ci pourront notamment être attribuées selon la **méthode dite « en cascade »** qui consiste à faire appel en priorité aux titulaires les mieux-disant.

Dans cette hypothèse, l'Autorité contractante contacte le titulaire dont l'offre a été classée première. Si celui-ci n'est pas en mesure de répondre dans les délais exigés, elle pourra s'adresser au titulaire dont l'offre est classée deuxième et ainsi de suite.

L'attribution des commandes peut également résulter de l'application de la **règle dite du « tour de rôle »** où, pour chaque commande, le choix du titulaire s'effectue par roulement. Le premier titulaire peut, par exemple, être déterminé selon l'ordre alphabétique des noms ou l'ordre de classement des offres.

L'Autorité contractante pourra également attribuer ses commandes à **hauteur d'un maximum prévu** pour chacun des titulaires. Si un des titulaires atteint, selon la technique dite « en cascade » ou celle « du tour de rôle », le montant maximum fixé dans les documents du marché, celui-ci ne pourra plus se voir attribuer de commandes.

d. Durée de validité des marchés à commandes.

La durée maximum des marchés à commandes est de trois ans, reconduction comprise. Cette durée maximale est impérative, elle ne peut être dépassée ni par décision de poursuivre, ni par avenant, ni par reconduction du marché. Il s'agit d'une durée maximale qui peut être courte.

L'Autorité contractante peut également opter pour une formule de marché comprenant une période ferme reconductible, et bénéficier pleinement de la réactivité offerte par le régime des marchés à commandes.

L'Autorité contractante peut donc opter, soit pour un marché à durée définitivement arrêtée lors de sa conclusion, soit pour un marché comprenant une période ferme susceptible d'être reconduite dans la limite de la durée maximale prévue.

L'indication de la durée d'un marché, élément essentiel de la mise en concurrence, doit être portée dans l'avis de marché. A titre d'illustration sans caractère limitatif ou impératif, peuvent ainsi être cités : soit un marché de trois ans, ou un marché d'un an reconductible deux fois.

Si un marché à commandes assorti d'un montant maximum, ce montant constitue la limite supérieure des obligations contractuelles tant de l'Autorité contractante que du titulaire du marché. En effet, le marché prend fin, de plein droit, dès lors que le maximum est atteint, et ce, quand bien même la durée de validité du marché ne serait pas encore expirée. En revanche, il s'avère impossible de mettre fin au marché avant son terme au seul motif que le montant minimum fixé aurait été atteint.

La durée maximale de trois ans concerne la seule émission de commandes, qui doivent avoir lieu pendant la durée de validité du marché. Une commande émise alors que la durée de validité du marché est expirée ne peut faire naître aucune obligation contractuelle et n'ouvre donc pas droit au paiement du prix prévu par le marché au profit de son titulaire.

L'exécution des commandes peut néanmoins se poursuivre au-delà de cette durée, notamment pour assurer la continuité d'un approvisionnement durant le temps de l'achèvement de la procédure de passation du marché suivant.

e. <u>Peut-on combiner Accord-cadre et marché à commandes ?</u>

Les marchés fondés sur un Accord-cadre peuvent être des marchés à commandes. Ils sont alors passés après consultation du titulaire ou remise en concurrence des titulaires de l'Accord-cadre.

Les marchés sont ensuite exécutés par l'émission de commandes lors de la survenance du besoin. Toutefois, les commandes ne peuvent être émises que pendant la durée de validité du marché subséquent, auquel ils se rattachent. Un tel dispositif permet de conjuguer la souplesse de l'Accord-cadre et la réactivité des marchés à commandes.

★★★★ ★★★

CHAPITRE V

LES MARCHÉS A TRANCHES.

5.1 GÉNÉRALITÉS SUR LES MARCHÉS À TRANCHES

5.1.1 Définition du marché à tranches.

Le choix du marché à tranches conditionnelles repose non pas sur une impossibilité de définir le besoin en amont de la procédure, mais sur une incertitude quant à la réalisation des prestations prévues au marché. Cette incertitude peut porter sur les conditions économiques, techniques ou financières qui ne permettent pas à l'Autorité contractante de s'engager en une seule fois et définitivement sur l'ensemble des prestations à exécuter.

Le marché doit comporter une tranche ferme et une ou plusieurs tranches conditionnelles, que l'Autorité contractante peut ou non affermir, chaque tranche devant former un ensemble cohérent.

La nature, l'étendue, le prix et les modalités d'exécution des prestations demandées doivent être précisés, ainsi que tout élément propre à ce type de marché. La conclusion d'un marché à tranches conditionnelles est particulièrement adaptée à la réalisation d'opérations de grande ampleur.

5.1.2 Les particularités des marchés à tranches.

L'une des particularités de ce marché tient notamment à sa constitution. Comme son nom l'indique, le marché à tranches a la particularité d'être composé de plusieurs tranches, l'une dite « ferme » et les autres « conditionnelles ».

La tranche ferme se compose des besoins que l'Autorité contractante est sûre de satisfaire.

Les tranches conditionnelles sont des besoins que l'Autorité contractante envisage de satisfaire dans un avenir proche à certaines conditions. Ces conditions peuvent être :

- un vote du budget y relatif,
- des besoins non immédiats,
- une question de convenance (volonté de planifier dans le temps les besoins à satisfaire, d'étaler l'achat dans le temps).

Les tranches conditionnelles ne seront exécutées qu'à la condition d'avoir été "affermies" par l'Autorité contractante.

L'Autorité contractante n'est engagée que sur la tranche ferme, alors que le titulaire du marché, quant à lui, s'engagera sur la réalisation de l'ensemble des tranches prévues au marché.

Cependant, cette obligation du titulaire est en principe limitée dans le temps, le marché prévoyant alors un délai maximum pour l'affermissement des tranches conditionnelles, en fonction de l'objet du marché et de ses caractéristiques.

A ce titre, la bonne pratique des marchés publics recommande à l'Autorité contractante de fixer un délai maximum d'affermissement raisonnable, afin de ne pas porter atteinte aux entreprises engagées.

La procédure applicable et les formalités de publicité associées sont déterminées après prise en compte de l'ensemble des tranches. Autrement dit, la valeur du marché sera calculée en additionnant les montants de chacune des tranches qui le composent.

Le « marché à tranches » est particulièrement adapté à la réalisation d'opérations de grande ampleur pour lesquelles la disponibilité des crédits nécessaires n'est pas assurée ou pour lesquelles le financement sera étalé dans le temps ».

5.1.3 <u>Les éléments constitutifs du marché à tranches.</u>

Lorsque le marché est conclu pour la tranche ferme et les tranches conditionnelles, la consistance et l'étendue des différentes tranches sont obligatoirement définies dans le marché initial. Chacune des tranches doit contenir de trois types d'indications particulières :

- la consistance ;
- le prix ou ses modalités de détermination;
- les modalités d'exécution des prestations.

Chaque tranche doit ainsi former un « ensemble cohérent, tant au plan fonctionnel et économique ». Il en est de même pour toutes les tranches prises dans leur ensemble également. Il ne saurait donc être question, par exemple, de réserver une tranche conditionnelle à l'approvisionnement en matériaux dans un marché de travaux. Cela conditionnerait la réalisation des autres tranches conditionnelles (construction).

Une tranche conditionnelle doit pouvoir être réalisée de manière « autonome » sans que l'affermissement des autres tranches soit rendu obligatoire pour son exécution ». Une tranche n'est pas un lot : un lot peut-être un marché à part entière, les tranches font partie « d'un seul et unique marché ».

L'Autorité contractante est seule à décider d'affermir ou non la ou les tranches conditionnelles. Elle ne peut avoir pour effet de modifier le contenu de la prestation demandée. Un marché à tranches ne peut être multi-attributaire, mais peut être attribué à un groupement.

5.1.4 La durée et étendue du marché à tranches.

5.1.4.1 La durée du marché à tranches.

La durée du marché est déterminée en fonction du temps nécessaire à l'exécution de chacune des tranches, fermes et conditionnelles.

Les marchés à tranches conditionnelles permettent, notamment, de lancer une consultation pour la réalisation d'un programme dont le financement total n'est pas encore assuré.

Il convient cependant que les crédits soient disponibles pour l'exécution de la tranche ferme et chaque tranche conditionnelle pourra être affermie après obtention des crédits correspondants.

5.1.4.2 L'étendue du marché à tranches.

Le marché est composé de la tranche ferme et des tranches conditionnelles. Toutefois, l'Autorité contractante n'est engagée que sur la tranche ferme. Elle ne sera engagée sur les tranches conditionnelles que lorsque celles-ci seront affermies.

Le titulaire a lui l'obligation d'exécuter aux conditions du marché initial les tranches conditionnelles au fur et à mesure de leur affermissement. Le marché fixe les conditions de son exécution.

A ce titre, il doit préciser les modalités d'affermissement ou de renoncement à l'affermissement des tranches. Il doit ainsi notamment indiquer :

- la date limite ou le délai d'affermissement de chacune des tranches conditionnelles ;
- les conséquences de l'absence d'affermissement.

En cas d'absence de décision d'affermissement d'une tranche conditionnelle, le titulaire est dégagé de toute obligation et le marché est considéré comme achevé.

Le marché peut comporter une période d'attente entre la fin prévue d'exécution de la tranche ferme et l'affermissement de la tranche conditionnelle suivante. Un délai maximal d'affermissement des tranches devra être prévu au marché.

L'affermissement d'une tranche conditionnelle ne nécessite pas la conclusion d'un avenant, une décision écrite, unilatérale de l'Autorité contractante est suffisante ; il s'agit en effet de faire application d'une clause du marché.

Toutefois, si l'Autorité contractante décidait d'apporter des modifications aux prestations définies dans le cadre de la tranche conditionnelle, elle ne pourrait le faire que dans les limites posées et en concluant un avenant.

5.1.4.3 <u>Les clauses de prix pour marchés à tranches.</u>

Les prix figurant dans le marché initial sont, soit fixés sur des bases identiques pour la tranche ferme et les tranches conditionnelles ultérieures, soit comportent pour les tranches conditionnelles des rabais calculés sur la base des prix de la tranche ferme lorsque le marché est conclu à prix unitaires.

Lorsque les prix sont fixés sur des bases identiques, il convient de prévoir une indemnité en cas de non-affermissement de la tranche conditionnelle. Dans ce cas de figure, le titulaire a réparti ses charges fixes sur l'ensemble des tranches et doit pouvoir les couvrir d'une manière ou d'une autre.

En tout état de cause, le titulaire devra être indemnisé à chaque fois que ces prix ont été fixés pour chacune des tranches sur une base identique en répartissant les frais fixes, les amortissements et en calculant les prix obtenus sur la base d'une commande globale.

Toutefois, le montant de l'indemnité devra dépendre du préjudice réel du titulaire. Elle pourra être forfaitisée si ce préjudice est limité à la perte du bénéfice d'une production en série ou à l'amortissement des frais fixes.

**** ***

CHAPITRE VI

LES ACCORDS-CADRES.

6.1 GÉNÉRALITÉS SUR LES ACCORDS-CADRES.

« Les Accords-Cadres » est une procédure dont l'objet est d'établir les termes régissant les marchés à passer au cours d'une période donnée, notamment en ce qui concerne les prix et, le cas échéant, les quantités envisagées.

Les Accords-Cadres posent les bases essentielles de la passation de marchés ultérieurs pris sur leur fondement et accordent en conséquence une exclusivité unique ou partagée aux prestataires ainsi retenus pour une durée déterminée.

Les marchés subséquents passés sur le fondement de ces accords peuvent compléter les dispositions qui y sont consignées sans les modifier substantiellement. Les Accords-Cadres sont des contrats qui peuvent être conclus avec un ou plusieurs opérateurs économiques.

6.1.1 Fonctionnement-utilisation des Accords-Cadres.

La procédure des Accords-Cadres permet à une Autorité contractante de conclure un certain nombre de marchés sans pour autant dérouler, pour chacun d'eux, une procédure complète de passation.

La procédure des Accords-Cadres repose sur un contrat global conclu préalablement avec un ou plusieurs titulaires conformément aux règles de publicité et de mise en concurrence définies par la réglementation en matière de marchés publics.

Les marchés issus d'un Accord-cadre sont des marchés publics dont les formalités sont réduites, ils doivent cependant en indiquer le prix et les quantités. Plusieurs procédures sont envisageables pour conclure un Accord-cadre.

Un Accord-cadre dont le montant est inférieur au seuil des procédures d'Appels peut être passé selon une procédure de Demande de renseignements et de prix.

Pour l'Accord-cadre passé selon cette procédure, l'Autorité contractante est libre de fixer le délai en deçà des limites exigées pour un Appel d'offres ouvert au niveau national pour la réception des offres, cela en tenant compte des caractéristiques de son besoin.

Au-dessus des seuils des Demandes de renseignements et de prix, un Accord-cadre peut être passé par une procédure ouverte ou restreinte ou par Entente directe.

En dehors de la planification des acquisitions, les Accords-cadres présentent de multiples avantages :

- une Autorité contractante peut effectuer des achats à caractère répétitif en organisant une seule procédure complète de mise en concurrence ;
- des Autorités contractantes ayant des besoins similaires peuvent les regrouper pour désigner au terme d'une procédure unique un ou plusieurs Fournisseurs tout en conservant leur autonomie pour l'attribution et le suivi de l'exécution des marchés.

Il est alors possible de réduire fortement le coût des procédures d'achat, obtenir des prix plus intéressants grâce à l'effet-volume tout en laissant aux services utilisateurs une marge de liberté significative dans la gestion des approvisionnements.

- un accord-cadre sans un minimum permet aussi par sa souplesse une forte réactivité. Il est alors possible de conclure un marché dans un délai très court lorsque des besoins ont un caractère aléatoire, mais que leur nature est connue (réparations, matériels pour faire face à des catastrophes naturelles, etc.) ; ce qui peut permettre de présélectionner un nombre de fournisseurs pour répondre de façon optimale aux différentes demandes.

6.1.2 Les différentes catégories d'Accord-cadre.

Deux catégories d'Accords-Cadres sont possibles, les Accords-Cadres passés avec un prestataire et les Accords-Cadres passés avec plusieurs prestataires.

6.1.2.1 Accords-Cadres avec un seul prestataire.

a. Accords-Cadres fixant tous les termes et conclus avec un seul opérateur économique (les contrats-cadres individuels).

Ce cas de figure vise par exemple les contrats à commande, les marchés sont « attribués, dans les limites des termes fixés dans l'Accord-cadre, l'Autorité contractante peut consulter par écrit l'opérateur parti à l'Accord-cadre, en lui demandant de compléter, si besoin est, son offre.

S'agissant de marchés à passer sur la base d'un Accord-cadre qui lui-même fixe déjà tous les termes de manière contraignante, il n'y a pas lieu de compléter l'offre initiale.

Les commandes se font, en application, des termes établis dans l'Accord-cadre et dans les limites (notamment en ce qui concerne la gamme de produits, services ou travaux couverts ainsi que les quantités) fixées dans celui-ci.

b. **Accords-Cadres ne fixant pas tous les termes (les Accords-Cadres stricto sensu) conclus avec un seul opérateur.**

Les marchés individuels fondés sur un Accord-cadre de ce type conclu avec un seul opérateur économique sont passés dans les limites (notamment en ce qui concerne la gamme de produits, services ou travaux couverts ainsi que les quantités). Les termes ne peuvent pas être substantiellement modifiés.

6.1.2.2 **Accords-Cadres avec plusieurs prestataires.**

a. **Les Accords-Cadres multiples fixant tous les termes (les contrats-cadres multiples).**

Pour l'attribution des marchés fondés sur ce type d'Accord-cadre, elle se fait « par application des termes fixés dans l'Accord-cadre, sans remise en concurrence ». Néanmoins, le choix entre les différents opérateurs économiques pour l'exécution d'une commande spécifique n'est pas réglé explicitement. Par conséquent, ce choix doit simplement se faire en respectant les principes de base.

Une manière, pour ce faire, est la méthode dite « en cascade ». C'est-à-dire celle consistant à contacter d'abord l'opérateur économique dont l'offre pour l'attribution de l'Accord-cadre fixant tous les termes a été considérée la meilleure. Dans un second temps celui classé deuxième uniquement dans le cas où le premier n'a pas la capacité ou n'est pas intéressé à fournir les biens, services ou travaux en question.

b. **Les Accords-Cadres multiples ne fixant pas tous les termes (les Accords-Cadres stricto sensu multiples).**

L'attribution des marchés individuels basés sur l'Accord-cadre fait suite à une remise en concurrence. La remise en concurrence est basée sur les mêmes termes si nécessaire en les précisant, et, le cas échéant, d'autres termes indiqués dans le cahier des charges de « l'Accord-cadre », sous réserve de l'interdiction des « modifications substantielles » des termes fixés dans l'Accord-cadre.

Tous les opérateurs économiques partis à l'accord doivent être consultés par écrit. Cependant, il n'y a aucune obligation de consulter les opérateurs partis à l'Accord-cadre dont les prestations retenues ne comprennent pas le type de fournitures objet du marché spécifique.

Lors de cette consultation écrite, les Personnes responsables du marché indiquent l'objet du marché spécifique pour lequel les offres sont demandées ainsi que le délai pour leur présentation.

Il n'est pas fixé de délai minimal. Le délai doit être « suffisant pour présenter les offres relatives à chaque marché spécifique en tenant compte d'éléments tels que la complexité de l'objet du marché et le temps nécessaire pour la transmission des offres ».

Toutefois, si l'Autorité contractante peut décider de se prévaloir de la possibilité, de recourir pour une remise en concurrence, il devra se conformer à un délai minimal de 15 jours.

L'attribution se fait « sur la base des critères d'attribution énoncés dans le cahier des charges de l'Accord-cadre.

Il convient de préciser que ces critères d'attribution ne sont pas forcément les mêmes que ceux appliqués lors de la conclusion des Accords-cadres proprement dits.

Il serait alors tout à fait possible de baser la conclusion des Accords-Cadres exclusivement sur des critères « qualitatifs » et l'attribution des marchés spécifiques sur le critère « du prix le plus bas », à condition que ceci ait été précisé dans le cahier des charges.

**** ***

CHAPITRE VII

LES DÉLÉGATIONS DE SERVICES PUBLICS.

7.1 DISTINCTION MARCHÉS PUBLICS ET DÉLÉGATIONS DE SERVICES PUBLICS.

Les marchés publics et les délégations de services publics sont tous les deux des contrats administratifs cependant, il doit être fait une distinction entre ces deux types contrats de la commande publique.

Le régime juridique d'un marché public est un régime de contrat administratif consacrant l'accord de deux volontés contradictoires entre deux personnes dotées de la personnalité juridique, jouissant de la capacité d'exercer des droits et d'être assujetties à des obligations.

Le régime juridique des contrats de délégation de service public est un régime de contrat administratif qui découle d'un équilibrage entre les pouvoirs dont dispose l'Administration et les avantages appréciables qu'elle reconnaît au délégataire.

7.1.1 Régime des marchés publics

Les marchés publics au sens classique du terme permettent à une Autorité contractante de s'attacher les services d'un Candidat public ou privé, pour ses besoins en de travaux, de fournitures, de services et de prestations intellectuelles, nécessaires à l'exécution d'un service public, en échange d'un prix qu'elle acquitte.

Les marchés publics dans leur objet ne peuvent comprendre en principe à la fois la conception et la réalisation d'un ouvrage public. Une Autorité contractante doit donc faire réaliser les études par une première entreprise puis confier la réalisation des travaux et l'exploitation de l'ouvrage à une seconde entreprise.

Les exceptions à ce principe sont rares, et portent principalement sur les ouvrages présentant une grande complexité technique, comme les usines de retraitement des déchets ou d'épuration des eaux usées.

Les travaux réalisés par le biais d'un « marché public » doivent être payés à leur réception : le paiement étalé y est interdit. Même si cette distinction connaît des exceptions, l'on peut dire que les marchés publics, au sens traditionnel du terme, sont généralement des contrats à objet simple et de courte durée par lesquels l'Administration se fournit en biens, travaux et services.

Le paiement intégral et immédiat, selon les règles de la Finance publique, est effectué après l'acceptation de la prestation, dans la majorité des cas, par le versement d'une somme d'argent par les services financiers de l'Administration notamment le trésor public.

7.1.2 Régime des délégations de service public

Les délégations de service public (DSP) sont des contrats (appelés conventions) qui diffèrent des marchés publics classiques du fait de leur durée et de leur mode de rémunération.

Les Délégations de services publics sont donc des contrats, à objet plus complexe, par lesquels sont confiées des missions de longue durée, nécessitant l'amortissement de certains investissements, et partant l'établissement d'un contrat soit établi dans la durée.

Dans les marchés publics, la rémunération intervient immédiatement après la réception de la commande alors que pour les DSP le paiement est différé provenant des recettes d'exploitation. Ce sont des contrats qui entrent dans la cadre de la commande publique, par lesquels une Autorité contractante confie à un Candidat public (une autre structure de l'Administration) ou à un Candidat privé (qui peut être un particulier ou une entreprise), la gestion d'un service public dont elle a la responsabilité pour une durée limitée.

Le bénéficiaire de la délégation de service public peut être chargé de construire des ouvrages ou d'acquérir des biens nécessaires au service. Contrairement aux marchés publics, le bénéficiaire de la délégation de service public n'est pas rémunéré par un prix versé par l'Administration, mais par les recettes d'exploitation du service.

7.1.3 Choix entre marché public et Délégation de service public.

Le choix entre marché public et délégation de service public doit être effectué à partir d'un rapport d'opportunité faisant ressortir :

- l'organisation et le mode de gestion du service public concerné, y compris les dysfonctionnements éventuels et les tarifs pratiqués ;
- les évolutions souhaitées du service actuel ou les caractéristiques du service à créer, en matière notamment d'investissements, de niveaux de prestations et de tarifs ;
- le type de gestion déléguée envisagé, ses avantages comparatifs ainsi que les principales caractéristiques du contrat de délégation ou du contrat de concession, notamment sa durée.

Les modes de sélection les plus adaptés à l'attribution des contrats de Délégations de services publics sont l'Appel d'offres ouvert avec pré - qualification et l'Appel d'offres en deux étapes, selon la complexité du contrat. Il est toutefois possible d'introduire dans la comparaison des offres, des techniques d'analyse financière et de rentabilité.

La sélection peut être réalisée en une seule étape lorsque l'Autorité contractante est en mesure de définir son besoin par des spécifications techniques détaillées, des critères de performance ou les indicateurs permettant d'attribuer le marché sans recourir à une première étape pour préciser ces éléments.

Pour mieux comprendre ce qu'est une Délégation de service public, il sera examiné dans les paragraphes qui suivent, la définition d'une Délégation de service public, les critères cumulatifs d'identification d'une Délégation de service public et les différentes formes de Délégation de service public.

7.1.3.1 Définition de la délégation de service public.

La Délégation de service public suivant les dispositions réglementaires désigne l'ensemble des contrats de droit public « par lesquels une Autorité contractante confie la gestion d'un service public à un délégataire public ou privé, dont la rémunération sera substantiellement liée au résultat d'exploitation du service. Cette délégation de gestion d'un service public peut être faite suivant deux modes de délégation :

- **au 1er degré :** un mode par lequel une Autorité contractante confie par une convention la seule gestion d'un service à un délégataire public ou privé. Il s'agit alors d'un contrat d'affermage, de régie intéressée ou de gérance.
- **au second degré :** un mode par lequel une Autorité contractante confie par une convention la gestion d'un service à un délégataire public ou privé et charge ce délégataire de construire des ouvrages ou d'acquérir des biens nécessaires au service. Il s'agit des contrats de concession.

7.1.3.2 Les critères cumulatifs d'identification d'une Délégation de service public (DSP).

Il ne saurait y avoir de délégation de service public sans contrat de délégation conclu entre l'Autorité délégante et une personne privée le délégataire.

a. Le Délégant.

Le délégant est une personne morale de droit public, que ce soit l'État, tout autre ordre de collectivité ou un établissement public.

b. Le Délégataire.

Il n'est pas obligatoirement une personne privée ou une personne morale de droit public, exception faite des entreprises publiques en situation de monopole de droit.

c. La nature du service délégué.

Le « caractère administratif d'un service public n'interdit pas de confier l'exécution à des personnes privées, sous réserve toutefois, que le service ne soit pas au nombre de ceux qui ne peuvent être assurés que par une autorité publique ».

Les missions relevant directement de l'exercice de prérogatives de la puissance publique (organisation d'élections, actes d'état civil, gestion de certaines aides, hébergement médicalisé de personnes malades, etc.) ne peuvent être l'objet d'une telle délégation.

d. Le mode de rémunération.

La rémunération reste un élément assez important, car elle est conditionnée et liée substantiellement aux résultats de l'exploitation du service.

e. Le risque est transféré au délégataire.

Le transfert du risque suit la rémunération comme critère important, car il y est attaché. Pour le délégataire, cela signifie qu'il tire une rémunération de l'exploitation du service public, mais aussi qu'il supporte une part de risque.

7.1.3.3 Différentes formes de Délégation de service public (DSP).

a. L'affermage.

L'affermage est le contrat par lequel une autorité publique confie à une personne morale tierce (de droit privé ou de droit public) la gestion d'un service public. Cette personne exploite et entretient l'ouvrage et le service à ses risques et périls.

Le financement des ouvrages est à la charge de la personne publique qui les met à disposition du délégataire. La rémunération du délégataire consiste en la perception de 100% des recettes du service. Annuellement, le délégataire établit un compte rendu technique et financier de sa gestion.

b. La régie intéressée.

La régie intéressée, constitue un mode de gestion du service public par lequel une Autorité contractante va faire assurer la gestion ou la gestion et l'entretien d'un service public par un délégataire tiers public ou privé. L'Autorité contractante définit les conditions techniques, économiques et financières d'exploitation. Elle assure l'intégralité des dépenses, conserve la direction du service et recueille la totalité des recettes du service.

Le régisseur intéressé est mandataire de l'autorité publique et agit en son nom. Le régisseur est rémunéré au moyen d'une prime fixée en pourcentage du chiffre d'affaires complété par une prime de productivité tenant compte de sa performance de gestion. L'Autorité contractante et le régisseur déterminent ensemble les tarifs payés par les usagers.

c. **La concession.**

La concession est le contrat, la convention ou le traité par lequel une autorité publique confie à une personne morale tierce (de droit privé ou de droit public) la réalisation de travaux ou l'achat des moyens liés à l'établissement du service public et l'exploitation de ce même service.

Cette personne finance les équipements nécessaires à l'établissement du service, réalise et exploite le service public à ses risques et périls – elle agit pour son propre compte, sous le contrôle du délégataire. Annuellement, le délégataire établit un compte rendu technique et financier de sa gestion. En fin de contrat de concession, les équipements et biens reviennent au délégataire : biens en retour.

7.1.4 Financement des investissements pour un contrat d'affermage, de régie intéressée ou de concession.

Pour l'affermage : assez proche de la concession, sauf que le financement des ouvrages est à la charge de l'Autorité contractante (ou Personne responsable), le « fermier » lui, assure ensuite la gestion et l'exploitation du service. Il le fait également « à ses risques et périls » et se rémunère grâce aux redevances prélevées sur les usagers.

Pour la régie intéressée : l'Autorité contractante confie, par contrat à une personne, la gestion de l'exploitation du service public moyennant une rémunération calculée sur le chiffre d'affaires, qui peut être complétée par une prime de productivité. Dans ce cas, c'est l'Autorité contractante qui a la responsabilité financière du service public.

Pour la concession : c'est l'entreprise délégataire qui avance les frais de mise en place du service (construction du réseau, des ouvrages nécessaires à son fonctionnement…) et du fonds de roulement nécessaire à l'exploitation. Le concessionnaire exploite le service « à ses risques et périls » et se rémunère par la perception de redevances sur les usagers.

7.1.5 Procédure de passation d'une Délégation de service public (DSP).

Les règles de la Commande publique basées sur les principes de libre concurrence et de transparence prônent une unification des conditions de passation des contrats administratifs, quels qu'ils soient.

Les étapes de passation d'une délégation de service public sont les suivantes :

- mise en place d'une équipe du « projet du service public à déléguer » ;
- définition des besoins et établissement de la matrice des risques par une équipe du projet ;
- élaboration du Dossier d'appel à candidatures ;
- présentation du dossier à la Direction en charge du Contrôle de la passation des marchés publics pour avis ;
- publicité par l'Autorité délégante, après avis de la Direction en charge du Contrôle de la passation des marchés publics sur la première étape de l'Appel d'offres -ou sur la pré qualification des entreprises ou sur la sélection des Candidats ;
- consultation d'experts du domaine pour recevoir des conseils - affinement du dossier de mise en concurrence, prise en compte de critères objectifs et précis (tels que les critères de rentabilité financière, esthétique et de performance) et établissement d'un Dossier d'appel à la concurrence ;
- lancement de la première étape pour recevoir des offres techniques afin de les analyser et retenir les offres conformes ou concevoir un dossier stabilisé ressortissant des différentes offres ;
- lancement de la deuxième étape Appel d'offres ou après pré qualification, évaluation des offres ;
- choix de l'offre au regard de l'avantage économique global pour l'autorité « concédant » sur la base de plusieurs critères objectifs ;
- soumission du rapport d'évaluation et du Procès-verbal d'attribution à la Direction en charge du Contrôle de la passation des marchés publics ;
- publication de l'attribution provisoire, etc.

CARACTÉRISTIQUES COMPARÉES ENTRE MARCHÉS PUBLICS & DÉLÉGATIONS DE SERVICES PUBLICS

Types de contrat	Objet	Financement	Paiement	Risques d'exploitation
Marché public	Fourniture de biens, services ou travaux	Fonds publics	Administration	Administration
Concession de travaux publics	Investissement + exploitation d'un service public au nom du concessionnaire	Concessionnaire	Par les usagers	Concessionnaire
Concession / Affermage	Exploitation d'un service public au nom du concessionnaire	Usagers	Par les usagers	Concessionnaire
Régie intéressée	Exploitation d'un service public	Pour le compte de l'Administration et des usagers	Par les usagers	Cocontractant pour l'essentiel

**** ****

CONCLUSION

La passation des marchés est une question d'actualité que ce soit dans la zone « Union économique ouest-africaine » ou au niveau international. La question centrale demeure : comment faire adhérer dans ses différentes composantes la société, au système des marchés publics qui préconise l'impartialité de l'État et la nécessité de respecter l'éthique du bien public dans un espace où sont répandus des comportements et des normes sociales qui, pour des raisons sociologiques (les contraintes de la sociabilité et la pression pour le partage), favorisent la prééminence des intérêts personnels et claniques ?

La réforme du mode de gestion de l'État est une opération de longue haleine et la passation des marchés y occupe une place prépondérante. La passation et la gestion des marchés publics nécessitent une adaptation constante par rapport à l'évolution de l'environnement économique et juridique de son cadre d'application.

Même si tous les articles de l'ensemble des codes des marchés publics en vigueur au niveau de l'UEMOA ainsi que les clauses des différents Dossiers types sont élaborés dans le sens du respect des principes directeurs de transparence et d'efficacité, la mise en place d'une réglementation aussi parfaite qu'elle soit nécessite la maîtrise des mécanismes et procédures afin de pouvoir les appliquer dans les meilleures conditions. C'est ce à quoi ce modeste ouvrage essaie de concourir.

Les organes de mise en application des dispositions de la réglementation des marchés publics doivent, par ailleurs, disposer d'un personnel bien formé pour la passation et la gestion de l'exécution des marchés publics. Ils doivent avoir les moyens nécessaires pour assurer un bon accompagnement de manière à aider les organes qui interviennent dans le processus de passation des marchés à mieux remplir leurs fonctions et tâches.

A ce niveau, la plupart des structures de régulation des marchés publics jouent un rôle très important en organisant des séminaires sur les procédures de passation, de contrôle et d'exécution des marchés. Face à une demande de formation en marchés publics qui ne cesse de croître, bon nombre d'Instituts et d'écoles supérieurs (ouverts à plusieurs nationalités autres que celles de la sous-région) ont développé et déroulent des programmes de formation en marchés publics pour un niveau Master 2, ce qui à n'en pas douter contribuera au renforcement des systèmes des marchés publics des pays ouest-africains. Cet ouvrage est conçu pour y apporter sa modeste contribution.

****** *****

CONCLUSION

BIBLIOGRAPHIE

1. Code des marchés publics Sénégal Burkina Faso Côte d'Ivoire, Cameroun, Bénin, RDC, Togo, etc.
2. Le guide du PDCA de Deming-Progrès continu et management.
3. Rapport annuel ARMP Sénégal 2016, 2017 et 2018
4. Dossier d'approbation de la procédure- Luxdev PIC 3 Sénégal
5. Dossiers types d'Appel d'offres Passation des marchés de travaux,
6. Dossiers types d'Appel d'offres Passation des marchés de fournitures.

★★★★ ★★★

Structures éditoriales du groupe L'Harmattan

L'Harmattan Italie
Via degli Artisti, 15
10124 Torino
harmattan.italia@gmail.com

L'Harmattan Hongrie
Kossuth l. u. 14-16.
1053 Budapest
harmattan@harmattan.hu

L'Harmattan Sénégal
10 VDN en face Mermoz
BP 45034 Dakar-Fann
senharmattan@gmail.com

L'Harmattan Cameroun
TSINGA/FECAFOOT
BP 11486 Yaoundé
inkoukam@gmail.com

L'Harmattan Burkina Faso
Achille Somé – tengnule@hotmail.fr

L'Harmattan Guinée
Almamya, rue KA 028 OKB Agency
BP 3470 Conakry
harmattanguinee@yahoo.fr

L'Harmattan RDC
185, avenue Nyangwe
Commune de Lingwala – Kinshasa
matangilamusadila@yahoo.fr

L'Harmattan Congo
67, boulevard Denis-Sassou-N'Guesso
BP 2874 Brazzaville
harmattan.congo@yahoo.fr

L'Harmattan Mali
ACI 2000 - Immeuble Mgr Jean Marie Cisse
Bureau 10
BP 145 Bamako-Mali
mali@harmattan.fr

L'Harmattan Togo
Djidjole – Lomé
Maison Amela
face EPP BATOME
ddamela@aol.com

L'Harmattan Côte d'Ivoire
Résidence Karl – Cité des Arts
Abidjan-Cocody
03 BP 1588 Abidjan
espace_harmattan.ci@hotmail.fr

Nos librairies en France

Librairie internationale
16, rue des Écoles
75005 Paris
librairie.internationale@harmattan.fr
01 40 46 79 11
www.librairieharmattan.com

Librairie des savoirs
21, rue des Écoles
75005 Paris
librairie.sh@harmattan.fr
01 46 34 13 71
www.librairieharmattansh.com

Librairie Le Lucernaire
53, rue Notre-Dame-des-Champs
75006 Paris
librairie@lucernaire.fr
01 42 22 67 13

www.ingramcontent.com/pod-product-compliance
Lightning Source LLC
LaVergne TN
LVHW010924051026
849532LV00003B/827
* 9 7 8 2 3 4 3 2 2 6 6 9 9 *